JN218047

やめるだけで
最高の恋を
引き寄せる

人生が瞬く間に変わる
5つのノート

西原愛香

KADOKAWA

はじめに

この本を手に取ってくださり、ありがとうございます。
ブログ『書いて叶える♡恋愛引き寄せノート』主宰の西原愛香です。
私は現在、ブログやセッション、セミナーなどで
「理想の恋愛・結婚を引き寄せる方法」をお伝えしています。
その方法はとてもシンプル。
引き寄せノートを書いて、
「自分を認める」「自分の本音を探す」ことがベースです。
たったそれだけなのにその効果は絶大で、
おかげさまで「叶う引き寄せの法則」と評判を呼び、
セミナーは毎回募集後すぐに満員御礼。

・ノートを書いただけなのに、初めて彼氏ができました♡
・諦めていた片思いが動き出しました♡
・自分勝手だった彼が優しくなり、愛されている実感が強くなりました♡
・最愛の彼からのプロポーズを引き寄せました♡
・まさかの復縁が叶いました♡
など、ワクワクするようなご報告を毎日いただいています。

そんな私ですが、ほんの2年前まではかなりダメダメな人生でした。
男性に振り回されて、いつも泣いてばかり。
休日はひたすら彼からの連絡を待ち、あげくにドタキャンされることもしばしば。
ダメ男に貢いでしまったこともあります。
人と比較してばかりで、全然自分に自信がありませんでした。
転職を繰り返して仕事が続かず、打ち込めるような趣味もない…。
恋も人生もどん詰まり。

「この先私はどうなってしまうんだろう…」と、真剣に悩んでいました。

それが引き寄せに出会ってからはミラクルの連続！
理想どおりの男性と出会って1ヶ月後にプロポーズ、それから1ヶ月後に結婚。
現在、私のお腹の中には新しい命が宿っています。
他にも、好きな仕事で起業し、収入もアップ。
1冊目の本は発売後すぐに重版し、こうして2冊目の本の出版も叶えました。
これらは全て、わずか2年ほどの間に起こったこと！

このスピード感こそ、私の引き寄せの特徴です。
毎回話すたびにすごく驚かれますし、
「愛香さんだからそんなスピードで叶えられるんですよね」とも言われます。

でも、そんなことないんです。これは特別なことではなく、あるひとつのポイントさえ押さえれば、誰にでも起こること！
その大切なポイントが、
今回のタイトルにもなっている「やめる」ことです。

P74でも書いているように、「やめる」こととは、
自分の周りの分厚いミルフィーユを剥《は》がしていく作業です。
いくら頑張っても人生が進まずに疲れてしまう…。
もしあなたが少しでもそう思うなら、まずは頑張るのをやめてみてください。
ウソみたいにとんとん拍子に進みだします。
断言します。やめればやめるほど、願いは早く叶います。

人生にさまよっていた私だからこそ見つけることができた、
最短で、望む未来を手に入れる方法です。
きっと初めは、昔の私と同じように

「何かをやめる」ということに対して、
不安や恐怖を感じる人もいるでしょう。
けれどその先に、あなたにとって素晴らしい変化が待っています♡

思うままに、ミラクルに。
自分の本当の望みを明確にすることで、
パズルのピースのように、
そのままのあなたでピタッとはまる居場所が必ずあるはずです。

一度きりの人生を最高に楽しむお手伝いが、この本でできますように。

西原愛香

I Love Me.

Lesson

1

最短で恋が叶う「やめる」法則

手に入れるより、やめるほうが効果大！

Lesson

2

いい子ちゃん卒業宣言！

頑張らない、遠慮しない、タイプ別思考の解放法

Lesson 3

不安になっても大丈夫♡

思い込みを手放す、恋愛チョロい宣言♪

Lesson

4

1ヶ月で引き寄せ体質になる

ワクワクしながら五感を磨く

Lesson 5

いつも脇役の人生をやめて「私が主役！」の人生へ

自分軸になるだけで、彼からびっくりするほど愛される

Lesson

6

「120%好き」だけを選ぶ♡

幸せも、豊かさも、無制限に受け取る生き方

実践 5つのノートを書いてみよう

引き寄せの基本

引き寄せは
おまじないじゃない！
物理学がベース♡

これからみなさんに、不思議なくらい叶っちゃう引き寄せの基本をお伝えします。

初めて引き寄せをやってみる人だけでなく、引き寄せノートを書いてみたけど、叶った実感があまりない…という人もまずは読んでみてください。

実は私も以前は、引き寄せを実践してはいたもののイマイチ腑に落ちず、なかなか願いを叶えることができませんでした。当時の私は、引き寄せられる人たちは特別な人で、私になんて無理なんだ…と諦めていたくらいです。

そんな私の、引き寄せへの意識がガラッと変わったのが、引き寄せは物理学がベースだと知った時です。それなら私にも叶えられるかもしれない！とワクワクしたのを覚えています。

下のイラスト図解でも説明しているように、引き寄せの法則は、自分が発した波動と同じ波動の出来事が起こるということが基本。自分がワクワクの波動を出し続けていればワクワクすることが、楽しい波動を出し続けていれば楽しい出来事が、磁石のようにぴったりくっついてくるイメージです。

私たちの全身の細胞は、素粒子という目に見えない小さな粒が集まってできています。素粒子は物質を構成する最小単位。人間だけでなく、動物も、植物も、そして机などの物質も、全て素粒子が集まってできているのです。この素粒子は、常に振動を持って動いていて、その振動のことを「波動（エネルギー）」といいます。例えば私たちがワクワクしている時は、ワクワクの波動が、不安な時は不安な波動が出ているのです。

【量子力学の波動の法則】

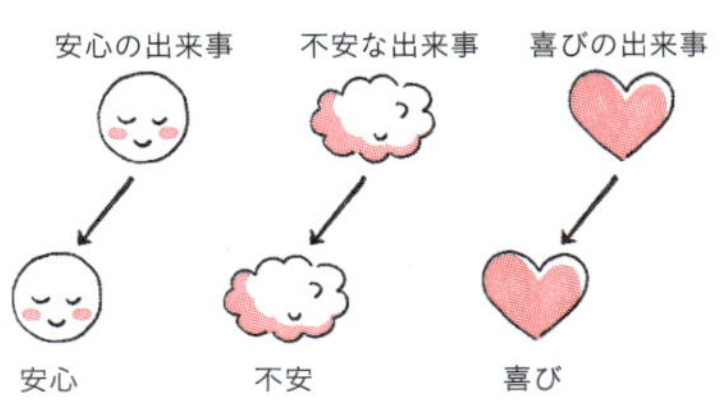

書いて願いを叶える方法

叶えたいオーダーを書く時にも、コツがあります。引き寄せは、こうなったらいいな…という曖昧《あいまい》な気持ちでは、サポートが入りにくいもの。私は、何か叶えたいことがある時は、いつも最初に叶える時期を決めています。それも、願いではなくて「予定」として。例えば「彼が欲しい」ではなくて「○月に素敵な彼ができました！」という具合です。

そして、どんな彼なのか、「理想のパートナー像」と、「叶ったときの感情」も書き添えます。

些細な違いですが、こう書くだけでワクワクする気持ちがすごく変わってくるんです！

書いている時に、自分がいい波動を出しているなって、感じられたら大成功。私はオーダーを書く時は、いつも楽しくて仕方ありません（笑）。

そして書いたことは、ほぼ叶えてきましたよ！

95％の「無意識」が引き寄せのカギ

私は「ふと感じた」「なんとなくそう思った」という感覚を大切にしています。無意識、本音が教えてくれることが、引き寄せの大切なサインだからです。私たちの意識には、意識と無意識の2種類があります。この本では意識のことを「自分の意思」、

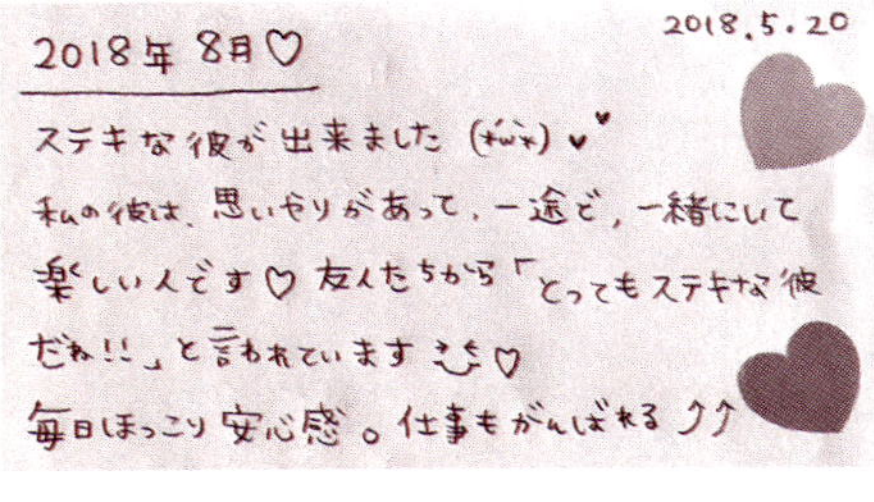
2018.5.20
2018年 8月♡
ステキな彼が出来ました ♥
私の彼は、思いやりがあって、一途で、一緒にいて楽しい人です♡ 友人たちから「とってもステキな彼だね!!」と言われています ♡
毎日ほっこり安心感。仕事もがんばれる ♪♪

オーダーを書く時は「願い」ではなく「予定」にするために「〇〇ができました」と過去形で書きます。時期も「今から出会うならコレくらいかかるかな…」など考えずに直感で！　理想のパートナー像は、書き過ぎずに２～３個書き、後は宇宙におまかせしましょう。これにオーダーが叶った時の感情を書き添えると、叶う速度が加速します！

無意識のことを「本音・宇宙」と呼ぶこともあります。私たちが日常で意識できる部分はたったの5％で、残りの95％は無意識。だから、たった5％で頑張るよりも、この95％の「無意識」のサポートを上手に使えることが引き寄せのカギ！

私も昔は「○○したほうがいい」とか「○○すべき」とか、5％の声ばかり聞いていました。でも、いくら頑張っても叶わない。そして、無意識や本音の感覚に素直に従って行動できるようになったら、どんどん引き寄せ体質になれたんです。

95％の力ってすごいですよ！

実は、これが難しいという人がたくさんいらっ

5％の意識を使うのは、願いを決める時（オーダーする時）。そして、チャンスが来た時につかむ時だけ！　決めたら、叶うまでのプロセスは95％の宇宙におまかせしましょう。

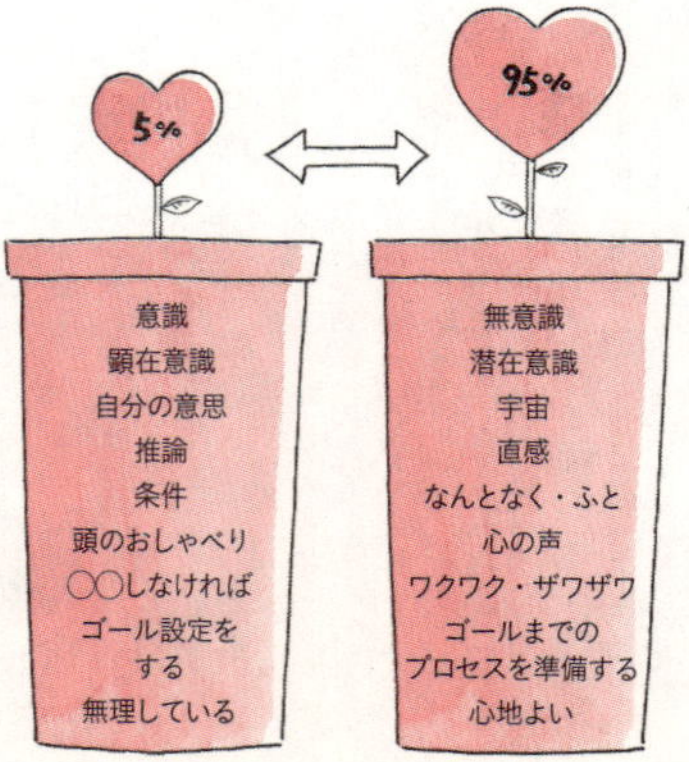

しゃいますが大丈夫です。私も以前は引き寄せ体質から程遠かったですが、今ではちゃんと引き寄せ体質になれていますから♡　本書では、この「自分の本音を大切にする」ためのヒントをたくさん紹介しています。ぜひ参考にしてください。

私たちの願いは「全て」叶っている！

引き寄せは自然の原理なので、「引き寄せられない」って、実はありえません。「え!?　私は叶えられてないですけど…」という人は、あなたがその「引き寄せられない現実」を望んでいるだけ。

これは引き寄せの大切なポイントなのですが、実は宇宙は、良い悪いの区別がつきません。もしあなたが、いくら「彼が欲しい」と願っていても、その一方で「なかなか彼ができないな…」と不安の波動を出し続けていると、宇宙は「この子は不安を望んでいるんだな」、と勘違いして、ますます不安を引き寄せるように働くのです。

だからせっかく願いを設定しても、内心「無理だろうな」と思っていると、その現実が引き寄せられるのです。でも、無理だと思っているのは、あなたの5％の意思だけ。無理を手放して95％の宇宙にお任せしましょう！

Lesson

1

最短で恋が叶う「やめる」法則

手に入れるより、
やめるほうが効果大！

スケジュールに隙間を作るだけで、人生が激変！

あなたが引き寄せの法則に興味を持った理由は何ですか？

きっと、「何か叶《かな》えたいこと」があるからですよね。

理想の彼と出会いたい、結婚を引き寄せたい。

恋愛以外にも、仕事、お金など…。

もちろん私も、最初はその１人でした。

何かを手に入れて、人生を素敵に過ごすための法則として実践していました。

だけどもし「引き寄せの法則を実践していても、なかなか思うように願いが叶わないな」と感じたことがあるなら。もしかするとそれは、**常に自分に何かをプラスし過ぎている**からかもしれません。

幸せになるために。願いを叶えるために。

あれもやらなきゃ！　これもやらなきゃ…と必死になっていませんか？

プラスばかりしてしまう心理の裏側には、いつも「私には何かが足りていない」という不足の思い込みがあります。

けれど、引き寄せについて学びを深めていくと、**引き寄せの法則の本質は「やめること」**だと気づきます。

私自身も、よく考えると「願いが叶ったな」と思う時はいつも、その前に何かをやめていたんです。仕事も、恋愛もそうでした。起業する前には、まずは「仕事をやめる」と、根拠もないのに決断していました。後で詳しく書きますが、今の主人に出会う前にも、長年付き合っていた彼との別れを決断しています。

大きなことも、小さなことも。

何かをやめた後に願いが叶っている実感がありました。

だから、「なぜ起業できたんですか?」という質問や「なぜそんなにトントン拍子に結婚できたんですか?」という質問をいただいた時にも、いつも最初に**「勇気を出してやめたからです」**とお答えしています。

願いを叶えるために、一生懸命頑張ったこともちろんありますが、一番大きなきっかけは「やめたこと」。私のセミナーの受講生も**「勇気を持って○○をやめてみました！」**と、すぐに行動に移した人がスピーディーに願いを叶えています。

「やめると入ってくる法則」は、本当なんですよね。

あなたも何か新しいことを始める時、同時に何かを手放していたという経験がきっとあるはずです。私自身の実体験を振り返っても、**『引き寄せは『隙間《すきま》』があるほど叶いやすい！』**と感じています。

「隙間」とは、時間的な余裕からくる、精神的な余裕も当てはまります。

スケジュールの「余白」と考えてもいいですね。

部屋でたとえると、ごちゃごちゃした部屋には隙間がないので、新しい物を買ってきても置けないし、見栄えも悪いですよね。物が詰まっている部屋は、新しい風も通りづらい。私たちも一緒です。

今やっていることをやめたり、必要のない思い込みを手放して、隙間を作る。

すると、その隙間に新しいものや、望む未来が入ってくるんです。

グループセッションでも、スケジュールに隙間をあけたことで彼氏ができた！という例を数え切れないほど見てきました。

休みの日に予定を詰め過ぎるクセをやめて、意識的に予定のない日を増やしたところ、以前婚活パーティーで知り合っていた男性から突然デートの誘いが入り、初めてのデートの日に意気投合して、あっという間に交際がスタートした人もいます。

他にも、気乗りしない女子会への参加回数を半分以下に減らしたことで、新しい趣味を発見し、そこで出会った友人からの紹介で素敵な出会いがあった人も。

みなさんに共通していたのは**「スケジュールに隙間を作ったこと」**だけです。

「違和感」を感じたら、どんどんやめちゃおう！

まずはあなたが何を「やめるべきか」に気づけるかどうかが大切なポイント！

私はひとつの目安として、**心に違和感や不快感が何度も続く時は、やめるタイミング**だと考えています。

「なんだか嫌な感じだな」というザワザワした気持ちは、宇宙からのサインです。

宇宙が「あなたが進むべき方向はそっちじゃないよ！」と、「違和感」という感覚でちゃんと教えてくれているのです。

だから、自分の感覚を信じられるかどうかがとっても大切！

自分の感覚を信じられないと、違和感を無視して進んでしまって、悩みが悪化することも少なくありません。

私も、違和感を無視して失敗したことがたくさんあります。本当は行きたくないのに、無理に参加した出会いの場で、余計に心が虚《むな》しくなって帰ってきたこともありました。けれど、その失敗した経験は自分のデータとして蓄積され、それからの人生の選択にしっかり活かしています♪

いくら頑張っても、状況が変わらない。ツラくなる一方…。願いがなかなか叶わなかった頃は、自分の感覚より他人の感覚を優先していたなと思います。あなたも、占い師が言ったことや、テレビで見た情報、自分の好きな人が言ったことなど…他人の声で物事を判断していませんか？　**でも、一番当たるのは自分の感覚。**

自分の感覚を信じるために、**「違和感があったらやめてみる」**ということをあえて選択してみてください。

「続けること」=「美徳」という呪縛

とはいえ、やめることに抵抗がある人も多いと思います。

私も引き寄せの法則に出会うまでは、続けることが美徳だと思い込んでいたので、何をやっても続かない自分を、なんとなく恥ずかしいと感じていました。

今思うと「他人の目」を気にし過ぎていたんです。私は、ほんの数年前まで「自分のため」ではなくて、両親や世間体のために生きていたんだと思います。

良く見られたい！という気持ちは、悪いことではありません。

けれど、一歩間違うと他人軸の人生を生きることになるので、注意が必要です。

恋愛もそうです。彼に好かれたいという理由でファッションを選んだり、彼の都合を優先したり。こんなふうに、**他人軸で人生を生きると、いずれどんどんツラくなっていきます。**

もし違和感や不快感に対して「これは逃げなのかな？」「本当にやめた方がいいの

かな？」と迷った時は、**行動の動機がポジティブかどうか？**がひとつの決め手となります。

例えば、「1人になるのが寂しいから」という理由で離れられない恋愛や、「昔から仲が良かったから」という理由で無理をして会っている友人がいるとします。

これらは、行動の動機が「未来への不安」や「断りづらいから」などの、ネガティブな要因です。

彼にたっぷり愛されたい！とか、友人と楽しい時間を過ごしたい！というポジティブな望みに対して、実際の行動はネガティブな動機で動いているのです。

こんなふうに小さなズレが生活に多いと、

日常に違和感や不快感が増えていきます。

ふとした時に感じる違和感や不快感は、あなたの内側から湧いている大切なサイン！一度思い切ってやめてみてほしいです。

やめるかやめないか、二者択一に悩んだら

違和感の解消というと、スパッとやめるか、やめないかの二者択一に陥って、「やめられない」と苦しんでいる人も多いと思います。実は違和感の解消方法は、やめるだけではないんですよ。**方法を変えてみる**という選択肢もあります。

婚活で出会い方に違和感のあった人が、出会い方を変えたら成功した！というのは分かりやすい例ですね。

出会い系アプリや街コンは、気軽に参加できる反面、結婚を急いでいる女性にとっては、相手の真剣度に期待できないことがあります。

その時、婚活自体をやめるのではなくて、結婚相談所という選択肢を入れてみる。

私のまわりでも、結婚相談所に登録してみたら、思った以上に良い出会いがあった！

という意見が多くありました。結婚相談所はそれなりにお金を支払う分、男性の真剣度も上がるので、話が進みやすいからです。

違和感がきっかけとなって、良い方向に転ぶことってたくさんあります。
違和感を見つけた時こそ、実はチャンス！
いろいろな選択肢を視野に入れつつ、自分に合う方法を見つけていきましょう。

やめたら、理想の結婚がやってきた！

実は私は、主人と出会う1ヶ月前に、恋愛において大きなやめる決断をしました。それは、6年間の交際を経て婚約をしたパートナーとの別れです。
30歳を過ぎた私は、まわりの友人たちの結婚ラッシュも影響し、結婚に焦りを感じていました。いつからか「結婚」という形にこだわり過ぎて、彼と一緒にいたい気持ちよりも「結婚したい！」という気持ちが上回り、2人の関係に生じていた小さな違和感にも目をつぶっていたんです。引き寄せを実践して、普段から自分の本音を大切にしてきたはずなのに、やっぱり見えなくなってしまう時はあるんですよね。

そのことに気づいた私は、**本来自分がどんな恋愛・結婚を望んでいるのか。彼の存在を一度抜きにして考えてみました。**

すると「もっと私のことを優先してくれる人と結婚したい」という本音に気づき、悩みに悩んだ結果、未来の私の笑顔のために別れを決断したのです。

6年間という長いお付き合いを手放して、本当にまた恋愛できるのか。

男性との出会いがない仕事なのに、大丈夫だろうか。

不安が次々と押し寄せてくる中で、別れを決断することはとても勇気が必要でした。

それでも、不安な思考が現れるたびに「私は絶対に幸せな結婚をする！」と覚悟を決め続けていました。

すると、不思議なことに、その別れから1ヶ月後に今の主人と出会い、それから1ヶ月後に婚約したのです。

出した勇気に見合う結果は必ずついてきます。

日常の小さなことから少しずつ、自分の本音で選ぶ比率を上げてみてください。食べたくないものは無理して食べない！など、本当に小さな「やめること」からです。行動してみるとすぐに、変化の実感を積めるはずです。

最短で思い通りの人生に

人って、何をやってもうまくいかないなと感じる時、自分に何かをプラスすればいいと思いがちです。「新しいことを始めてみれば、状況が変わるかも」と考えるからです。ですが、**プラスばかりし続けていると、楽しいこともやがて苦しくなってきます。**そういう時ほど、まずはやめてみましょう。

ただ、これまで当たり前のようにしてきたことを手放すことって、とても勇気が必要ですよね。やめることで、日常生活やこれまでの人間関係が変わってしまうかも…という不安もあると思います。

恋愛も、付き合う時より別れる時の方がエネルギーを使います。もっと小さなことで言うと、気乗りしないお誘いを断ることも、やめることに慣れていない人にとっては大きなチャレンジです。

だけど、**やめることって〝慣れ〟なんです。**過去にいくつか、やめて本当によかったな！と思える経験があれば、やめることが少しずつ怖くなくなります。

私の経験上、勇気が必要な決断ほど、状況が大きく変わります。

漢字でも「大きく変わる」と書いて「大変」と読みますよね。

もしもあなたが、大きな変化を求めているなら、始めることよりも、やめることの方が威力は絶大です。

それに、色々なことを一気に始めて苦しんでいる人は多いけれど、やめる決断をしたことで苦しんでいる人って、実はあまりいないんです。

何かを新しく始める時は、何かをひとつやめてからにしてみてください。

まずは、隙間を作ること。これが引き寄せの極意です。

この本では、「欲しい現実を手に入れるために、まずはやめること」を徹底的にお伝えします。そして、あなたが今よりもっとスピーディーに望む未来を引き寄せるために、効果的な引き寄せノートをご紹介します。どのノートも楽しく書けて、長く続ける必要もありません。それでいて、抜群の引き寄せ効果があるのです！

叶えたいことがある人は、まずは隙間を作ってみましょう。

これまでは他人事だった、思いがけない人生の素敵なエピソードが、あなたにもたくさん舞い込んできますよ♡

Lesson

2

いい子ちゃん卒業宣言！

頑張らない、遠慮しない、
タイプ別思考の解放法

NOTE 1

始めること、やめることノート

このノートはいつ書いてもOKですが、やりたいことをなかなか始められない時に、特におすすめのノートです。

大切なポイントは「始めたいこと」から書くこと！　始めたいことから書くとワクワクしますよね。そのワクワクの気持ちがとても大切です。

そのワクワクした気持ちのまま、「やめたいこと」を書きます。どちらも多過ぎずに5個程度が書きやすいと思います。書いた後は「始めたいこと」は一旦忘れて、「やめたいこと」だけを意識して生活します。やめたことで生まれた隙間に、始めたいことが自然と入ってくるイメージです♡

みんなのノートもちょい見せ！

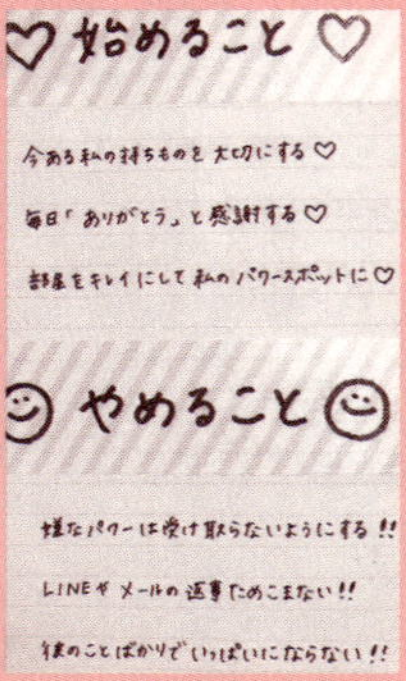

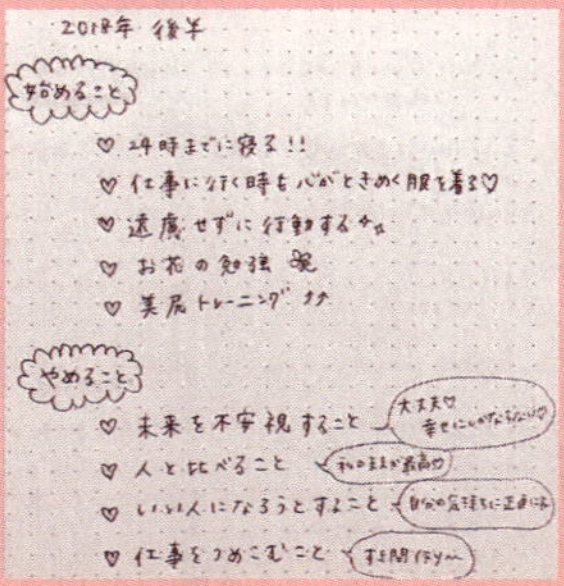

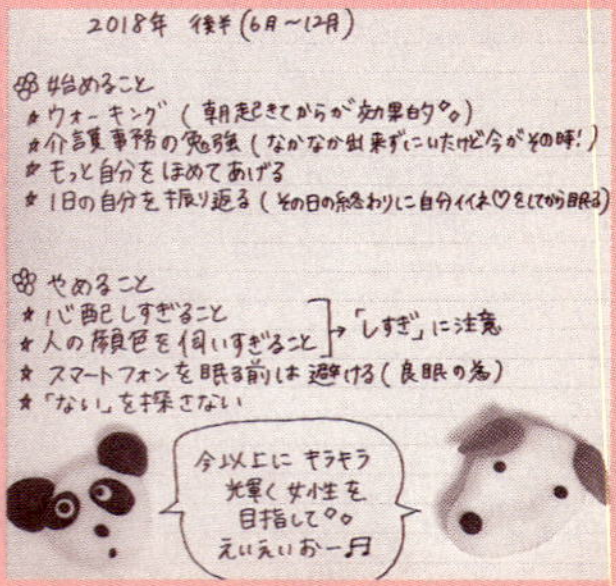

「始めること」には
こんなことを
書いてみよう♪

1年後の大きな目標よりも、近い未来でリアルに始めたいな！と思える些細なことを書いてみましょう。必ずしも恋愛のタスクにする必要はありませんが、やってみたいと思っていることがあるなら、積極的に書いてみて！

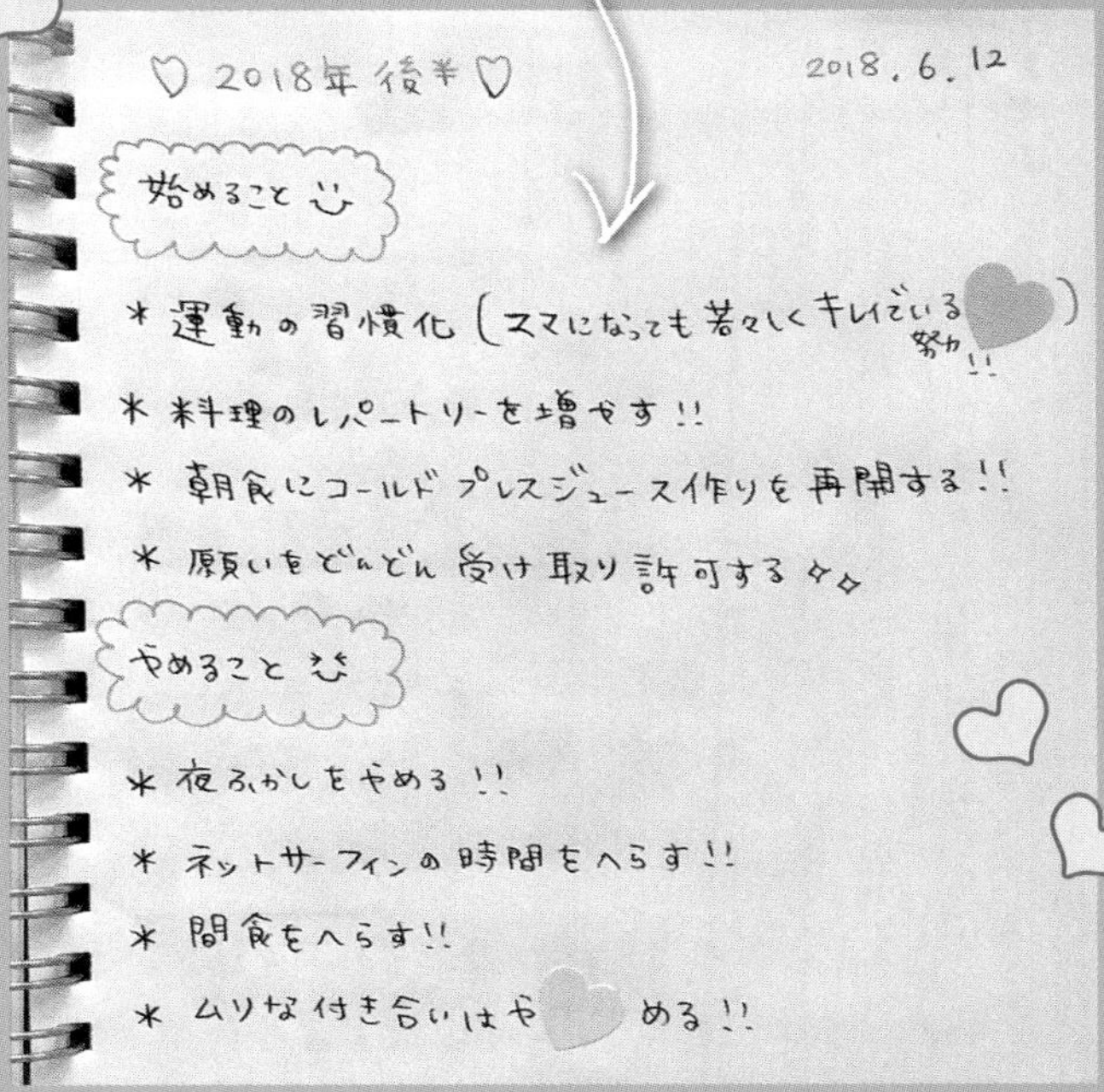

「やめること」は始めることと
リンクしていなくてOK！

やめることは、始めることとリンクしている必要はありません。素直に心に浮かんでくる「やめたいこと」を書きましょう。受講生に多いのは、生活習慣、メンタル系など。書く時には「やめたい」という希望形で書くのではなくて「やめる」という決定事項として書いてみてください。

やめることを「最大5個」書いてみよう

「始めること、やめることノート」は、元々は、私が自分の仕事の整理のために書いていたものです。

前回の出版後、私はたくさんのことを頑張り過ぎていた時期があって、途中から自分に余裕がなくなってしまったんです。**楽しんでしていたことが、楽しめなくなっているな…と感じたら、現状を整理するタイミング。**

そこで、やっていた仕事を全部書き出し、優先順位を考えました。

2つやっていた動画配信を1つやめたり、不要なSNSは思い切ってやめたり…。

そうやって仕事を整理すると、2ヶ月後にはずっと夢だった、オリジナル商品の販売など、新しい仕事の話が入ってくるようになったんです！

あなたも、これから始めたいことと、やめたいことを自由に書き出してみましょう。

ポイントは、先に「始めたい」ことから書くこと。

これから始めたいことをイメージする時って、何だかワクワクしますよね。

P17でご説明しているように、引き寄せには、このワクワク感がとても大切!
だから先に「始めたいこと」を書くのです。
最終的な目標は、やめることで自分に隙間を作り、新しいことを始めること!
そのための整理のノートです。

私はメモ魔なので、携帯できる小さなスケジュール帳に、始めたいことや、やめたいことを思いついた瞬間に追記していました。人の気持ちは変化するので、3ヶ月に一度のスパンで定期的に書き出してみるのも面白いですよ♪
書いた後にやることは**「やめること」**を生活の中で意識するだけです!

忙しぶるのをやめると、するっとうまくいく

セッションの中で「自分を変えたいです!」と受講生から相談を受けた時にも、まずはこのノートをおすすめしています。
気軽に書けるので、みなさん楽しく書き出してくれました。

その後にみなさんが口々に言うのは、**「1つやめたら、いつの間にか1つ新しいことに動けていました！」**ということ。

結局、やることが多過ぎていたんですよね。「私は時間に余裕がなくて、精神的にも余裕がなかったんだな」と、ノートを書いてみて気づくようです。

「朝、本を読みたいけれど、どうしても早起きができない」と言っていた人は、「夜のネットサーフィンをやめたら、自然と早寝早起きになり、朝の読書ができるようになっていた」そうです。

違和感が続いたら少し整理してみましょう！

今ある現状を見つめ直し、これからの人生に導いてあげる作業です。

始められない人にこそ、やめることをやってみてほしいなと思います。

セッション受講生のHさん（20代・会社員）は、気になっている男性の趣味だったスノーボードを「始めること」に設定していました。

そして、日常生活では「やめること」に書いた「人の悪口を言わない」をまずは意識して生活したそうです。

すると、ノートを書いた2週間後に、気になる彼とのやり取りの中で「スノボに興味がある」と伝えることができ、「それなら一緒に行こうか！」と誘ってもらえたそう！

そしてノートを書いた翌月には、初めてのスノボデートが叶いました。

しかも、当初は共通の友人も含めてグループで行く予定だったはずが、友人の都合が合わず、2人きりで行くことに。嬉《うれ》しいハプニングの連続ですよね！

こんなふうに、やめることと始めることの内容がリンクしていなくても大丈夫。

不思議と宇宙がベストな形に導いてくれます。

だから「本音に従う」ってやめられないんですよね♡

引き寄せられない〝残念女子〟3タイプ

いまあなたは、「やめたくてウズウズする！」状態になっているはず♡
でもちょっと待ってください！
実は、このノートの効果をさらにアップするポイントがあります。
最初に何からやめると効果的なのか、実はタイプによって違うんです。

まずは、あなたがどのタイプなのか、チェックしてみてください。

ちなみに昔の私は、３タイプ全てに当てはまっていました。どうりでたくさんノートを書いていても、願いが叶っている実感がなかったわけです（苦笑）。

私のように、複数のタイプに該当する女性も意外と多くいるはずです。その場合は最も多く当てはまるタイプから読んで実践してみてください。

3つのタイプ別に、「まずはこれをやめてみよう！」という処方箋を紹介しています。

私が実際に試して、受講生にも試してもらい、効果の高かったものだけを厳選しました。自分のタイプ以外のところも、ぜひ参考に読んでみてください。


では、さっそくあなたのタイプをチェックしてみましょう！

当てはまるチェック項目が多いものが、あなたのタイプです。

「かわいそうな私」が大好き！
悲劇のヒロインタイプ

□恋愛では、起きてもいない妄想が多い
□いつも相手に合わせてしまい、自分の意見をガマンしてしまう
□かまってほしい気持ちが強く、SNSではネガティブな発信をしがち
□いつもなんとなく不安、嬉しいことがあってもなぜか心配になる
□毎日の甘いものがやめられない
□恋愛トーク、恋愛相談がやめられない
□私だけが幸せじゃないと思ってしまう
□ログセは「どうしよう…」
□いつも気づけば困り顔

嬉しいことがあったとしても、その中に心配な要素を探してしまう。

良いことが起きると、次は何か悪いことが起こるんじゃないか?と怖くなる。

いつでも不安から自分を守るために予防線を張っているのが「悲劇のヒロインタイプ」です。

実はこのネガティブな思考は、傷つくことへの恐怖心から来ています。

悲劇のヒロインタイプ

- 恋愛相談が大好き！
- SNSでネガティブな発信をしちゃう
- かまってほしいな…
- 甘いものがやめられない

他人とのコミュニケーションでも、自分のうまくいかないアピールや「こんなトラウマがあって、また繰り返すような気がしているの」と、不安要素を話したりします。

実は3つのタイプの中で、最も願いを引き寄せるのに時間がかかるのがこのタイプ。

彼とはうまくいっているのに「連絡が来ないからフラれるかも」、浮気されてもいないのに「飲み会に行って浮気するんじゃないか」など、自ら不安を作り出してしまいます。

すると、自分が発する不安の波動に不安になる現実が引き寄せられ、ますます不安に陥るという負のループに入ってしまうことに。

私も昔は、**悲劇のヒロインごっこ**が得意でした!

もちろん、当時は気づいていませんでしたが、今思い返すと、無意識的に「かわいそうな私」を作るプロだったなあと思います。

・言いたいことをガマンする私
・相手に合わせ過ぎて、いつも疲れてしまう私

・好きな男性に愛情を確かめ続けなくては不安な私
・ケンカをするたびに「私が悪いんだ」と自分を責める私

弱い女性の方が守ってもらえる、泣いたら励ましてもらえる、苦しそうにしていれば心配してもらえる…。**いつも他人に「かまってほしい」という想いで溢《あふ》れていました。**だけど、実際に愛されている女性や、応援されている女性を見ていると、同情を誘ってかわいそうなオーラを出している人はいないいんですよね。

一生懸命な人の方が応援されているし、自分自身を持っている人の方が愛されているなと気づいたんです。

処方箋Ⅰ　SNSで「不安」自慢をやめる

今や、SNSは生活の一部。発信したり、友人をチェックしたり、毎日欠かせないものになっています。その結果、SNSでどうしても自分と他人を比べてしまう…という人も急増しています。

特に悲劇のヒロインタイプは比較することが大得意！

このタイプの人は、「私だけがうまくいかない」「恋愛以外を楽しもうと思っても、どうしても恋愛のことが頭に浮かぶ」など、ＳＮＳで自分のモヤモヤをストーリー調に話している人も多いです。誰かに話を聞いてほしいんですよね。

だけど気をつけてほしいのは、「不安な気持ちはできるだけ不特定多数の人が見る場所に発信しないこと」です。

ネガティブが悪いとか、マイナスな感情になることが悪いわけではありません。

それをあえてＳＮＳで発信する必要はないのです。

なぜかというと、不安な発信を続けることで「かわいそうな私」というキャラクターができ上がってしまうから。

ＳＮＳでの発信には、他人を巻き込む威力があります。その発信を見た全ての人たちの意識も作用し、より「かわいそうな私」が大きくなってしまいます。

例えば、体が疲れた時に「疲れた」って口に出して言うほど、疲れを感じやすいのと同じです。「私はこんなに不安なんだよ」、「こんなに寂しいんだよ」とアピールをするほど、不安や寂しさを自分で助長しているんです。

不安はSNSに発信するより、自分1人でノートに感情を書き出してみて、**気持ちの分解**をする方がスッキリします。**ノートに不安や怒りを書き出し、私は今、こんなふうに思っているんだな…と認めるだけでOK♡** 文字にした後は、ビリビリに破いて捨ててしまうことをおすすめします！ そのままにしておくと、何回も読み直してしまい、結局ネガティブな気持ちが戻ってしまうので、残さない方がいいでしょう。

私も、ブログを日記感覚で書いていた頃は、悲しいことや悩みを書いていた時期がありました。でも、それをやってポジティブになることってなかったんです。

今でも少しネガティブな経験を発信することがありますが、その時も、**「おかげで、こんなに素敵な気づきがあった」とポジティブに変換して書いています。**

例えば、体調が悪くて仕事を休むことになったけど、そのおかげでライフスタイルを見直すきっかけになった！とか。これも効果バツグンです。

処方箋2 恋愛相談をやめる

私が恋愛に悩まなくなったきっかけのひとつが、恋愛相談をやめたことです。

昔の私は、自分で物事の決断をすることができなくて、いつも色々な人に相談をしていました。かなり面倒くさい女だったと思います（笑）。

けれど、恋愛相談って、一時的に痛みを和らげる薬のようなもの。もちろん、その場で「ホッとする」というメリットはありますが、根本の解決にはならないのです。

私がまだ、人に相談ばかりしていた頃。年収1億円を超える実業家でもあり、夫婦関係も良好だったTさんに、こんな質問をしたことがありました。

「Tさんは他人に相談はしないのですか？」と。するとTさんは、**「だって結局最後は自分で決めるから！」**とハッキリ一言！　即答でした。

その潔さに感動し、素直に私もそうありたいなと思えたのです。


まずは、他人に相談しなくても大丈夫な自分になること。

悩まない人を目指すのではなくて、悩んでも自ら立ち上がれる人になること。

傷つかない人になるのではなくて、傷ついてもまたすぐに笑える人になること。

そのために一度、恋愛相談をやめて、自分との会話を増やしてみましょう。

ファッションやメイクについてアドバイスをもらうことと、恋愛相談は全くの別物なのです。

向上心はあるけど自信がない！
いい子ちゃんタイプ

□恋愛は、自分から積極的に動けない
□常識や恋愛テクニックなど、教科書に縛られている
□お店選びは他人に決めてもらうことが多い
□頑張らないと愛されないと思い込んでいる
□他人の目がやたらと気になる
□約束を断ることや、会社を休むことに強い罪悪感がある
□口グセは「自分を変えたい！」
□ネイルやコスメなど、見た目にこだわっている人が多い
□好きな人のワガママは、怒ることなく許してしまう

いい子ちゃんタイプ

- THE 女子に好かれる女子！
- 他人の目が気になる…
- ネイルやメイクをするのが好き
- 向上心はあるけど自信がない

「いい子ちゃんタイプ」の女性はTHE女子に好かれる女子！です。一見ポジティブで、気になる場所には積極的に出向き、婚活も頑張ります。誰に対しても優しく、見た目もきれいにしていて、「この人がいつも悩んでいるのはなんでだろう？」と、不思議に思われることもよくあります。

頑張り屋さんで、向上心はあるけれど…自信がないのが特徴です。

自分に自信が持てないのは、他人と比較する心が強いから。

お店を選ぶ時も「どこか行きたいところある？」と、まわりに合わせてしまいがち。

その反面、仕事では、他人に任せたり頼ったりするのが苦手な人も。

自分で全てやろうと頑張り過ぎる、自己犠牲的な一面もあります。

「頑張らないと愛されない」と思いがちで、「自分を変えたい！」が口グセです。

このタイプの人たちは勉強熱心なのですが、インプットすることばかりが増えて、あちこち学びの場に参加しては、自分は何がしたいんだろう？と混乱することも。

もしあなたが、楽しいことをしているはずが、疲れているなと感じたら、いい子ちゃんタイプの可能性大！

処方箋1 受け身の恋をやめる

彼から連絡がくるのを待つ。
彼がデートに誘ってくれるのを待つ。

いい子ちゃんタイプの人が受け身な恋愛をしてしまう時は、彼からの愛情に自信がない場合がほとんどです。**どうにかして愛情を確認したいがゆえに、受け身になって待ってしまうんです。**

これがひどくなると、傷つくことを怖れて自分から動けなくなり、「もっとこうしてくれればいいのに！」と相手をコントロールしたい欲求まで生まれてくるので要注意！

そんな時は、「毎日1回でいいから連絡が欲しいな」「誕生日は一緒に過ごしたいな♡」「記念日は、あのお店に行きたいな」など、自分の希望を提案してみましょう。

何か引っかかることや気になることがあるなら、悩みにふける前に聞いてみること。

相手に嫌われたくないと思ってしまうと、どうしても、遠慮や気兼ねの気持ちが出てきてしまうと思います。だから受け身になってしまうんですよね。

だけど、遠慮や気兼ねは2人の距離を遠ざけるだけ。

恋愛は1人で進めるものではなくて、2人で育てるもの。

第三者のように受け身になるのではなくて、あなたから積極的に、安心感のある関係を作り上げていきましょう。


私が主人と出会った頃、なかなか自分の中にある好意を認められなくて、「彼が好きになってくれたら、私も彼を好きになろう」と受け身になっていた時期があります。

以前の彼とも別れたばかりで、うまくいかなかったらどうしようという気持ちもあり、**好きな気持ちを認めることが怖かったんです。**また、私と彼は同業者で、一緒に働く仕事も決まっていたので、気持ちが伝わり過ぎても気まずいなと思っていました。

だから、自分の中で曖昧《あいまい》にしておきたいという気持ちもあったのです。

だけどある日、そんな私のズルい思考に気づき、考え方を改めました。

「彼がもし私を好きになってくれなくても、私は彼が好き！」と、自分の気持ちを認めてみたんです。すると、彼からデートに誘ってもらうことができ、それまでなかなか前に進まなかった関係が、急激に発展したから驚きです！

自分の気持ちを認めてから、わずか3日後のことでした。

この経験から、自分の気持ちを認めることは大事だなと改めて思いました。

処方箋2　苦手の克服をやめる

苦手なことは改善しよう、克服したい…なんて思っていませんか？　**特にいい子ちゃんタイプは真面目な人が多いので、苦手の克服を頑張り過ぎてしまう傾向があります。**でもね、苦手なことのために頑張る必要って、実はないんです。

私は、「やりたいこと」と「得意なこと」は別物だと考えています。

これは、決してネガティブな意味ではありません。得意な人に任せよう！と思えるようになれたから、1人で頑張ることをやめたんです。

例えば、私が何ヶ月頑張って勉強してもスムーズに進まない経理を、母は数日あればこなしてしまいます。

私がレシピを見ながら時間をかけて作る料理よりも、主人がレシピも見ないで作る時短料理の方が、くやしいですが数倍おいしいのです。

自分を良くしたいという向上心は持っても、他人と比較して「変わらなきゃ」と焦る必要はありません。あなたにはあなただけの強みと魅力が存在します♡

言葉で伝えるのは苦手だけど、絵を描くことは得意！という人は、「描くこと」を世の中に活かしてみませんか？　言葉で伝えることは得意な誰かに任せましょう。**苦手の克服に使っていたパワーは、得意なことを磨くパワーにした方が圧倒的に輝けます！**　人は、キラキラと輝くものが大好きです。

輝いている人とは、楽しんでいる人のこと♡

そこには自然とたくさんの人が集まってきます。

愛されたい度No.１！
クレクレ女子タイプ

□男性に幸せにしてもらいたい気持ちが強い

□異性に求める理想が細かい

□「○○してくれたら愛されているはず」というような自分ルールが強い

□恋愛では、自分の意見ばかりを一方的に伝えがち
□LINEのブロック、既読スルーをされることが多い
□他人の言動や、起こる出来事に機嫌が左右されやすい
□すぐに結果を出したい気持ちが強く、プロセスを楽しめない
□ログセは「割り勘なんてあり得ない！」
□スカートやワンピースなど、女性らしい服装が好き

「クレクレ女子」とは、自分以外の誰かに過剰に期待して「私を幸せにしてほしい」願望が強い女性のこと。

このタイプの人は「こうしてもらったら愛されている」「これをされたら愛されていない」など、自分の中でのマイルールにこだわり過ぎているのが特徴です。

他人が自分の思い通りにならないと不機嫌になることもあります。

気が強いので「結婚したい」「もっと会いたい」「寂しかった」と、気持ちを伝えることは得意な反面、相手がどう思っているか、どうしたいのかを察することが苦手です。そのため、相手から距離を置かれることもしばしば。

相手がしてほしいことを考えるより先に、自分の想いを伝え過ぎてしまうんです。

一方、勘は鋭いので、どこかで「この人じゃないかもしれない」と気づきながらも、無理やり関係を進めることも。その結果、曖昧な関係になりやすい傾向もあります。

認められたい気持ちが強く、常に結果を追いかけている人です。


私がクレクレ女子になっていた理由は、自分で自分を満たせていなかったから。

趣味もないし、やりたいこともない。

いつも自分の内側ではなく、外側に幸せを求めていました。

「彼がもっとこうしてくれたらいいのに」「何で彼は〜してくれないんだろう?」と、相手に幸せを求めてばかり。

恋愛だけでなく、仕事や友人関係でも、**うまくいかないことを「あの人がこうしてくれないから」と、他人のせいにしていました。**

典型的なクレクレ女子の発想でした。

どう頑張っても幸せになれなかったわけですよね。

だって本当は、幸せって自分の内側にあるものだから。自分の感じ方次第だから。

クレクレ女子タイプ

- すぐに結果を出したい！
- 男性への理想は細かい
- 既読スルーされがち…
- 自分の意見をはっきり言える

処方箋1 彼の気持ちを勝手に予測するのをやめる

・本当に好きなら毎日連絡をくれるよね？
・誕生日やイベントは、必ず一緒に過ごすよね？
・記念日は素敵なお店を予約してくれるよね？

残念ながら、これらの価値観は、女性側だけのものであることがほとんどです。

連絡を毎日くれないから、彼は私のことを本当に好きではないんだ…と勝手に彼の気持ちを予測するなんて、失礼だと思いませんか？

どうせ予測するのであれば、ポジティブな予測にしましょう♪

彼はもしかすると、言葉で想いを伝えるのが照れくさいのかもしれない。

今は仕事がハードで、疲れているのかもしれない。

こんなふうに「愛のフィルター」で彼を見るようにしてみると、分かりにくい愛情表現や些細《ささい》な優しさにもたくさん気づけるようになります。

彼が忙しい時に、「距離を置きたい女性」ではなくて、疲れて帰ってきて「ホッと

した瞬間に思い出される女性」になれますよ♡

処方箋2 結果ばかり追いかけるのをやめる

クレクレ女子は、エネルギーも強いので「願望をどうにか叶えたい」と突き進んでしまう傾向にあります。すると反対に、願望の実現に時間がかかってしまうんです。なぜか分かりますか？ そう、**引き寄せの法則は「波動の法則」**だからP17でご紹介しているように、**力を抜くこと、楽しむことが一番のポイントなんです♡**

引き寄せノートも必死に書くものではなくて、安心するために書くものです。例えばあなたが、引き寄せノートにどんなにポジティブな願いを書いたとしても、そこに乗る感情のエネルギー（波動）が、焦りや不安ばかりだとしたら、その波動が引き寄せの作用点となり、焦りや不安を感じる現実と引き合ってしまいます。

好きな人のことも、**「彼じゃなきゃ嫌だ！」ではなくて、「彼だといいな♪」と、リラックスして書くことで、叶いやすくなります。**

願いを「叶う前提」の「予定」にしてしまうのもおすすめです！
具体的には**「彼が欲しい」ではなくて、「3ヶ月後に彼ができる」前提で「今」を過ごしてみてほしいんです。**

今しかない、現在の勤務先での学び。

今しかない、独身の生活。

今しかない、1人暮らしの時間。

どれもとっても貴重な経験です。3ヶ月後に彼ができる〝前提〟なら、目の前の〝今〟を精一杯楽しもうと思えてくるはずです。

最強に引き寄せられる「ご機嫌女子」になろう

では最後に、最強に引き寄せられる「ご機嫌女子」もご紹介しますね。

ご機嫌女子は、悩みに浸かり過ぎずに余裕を持って恋愛を楽しんでいる女性です♡

□いつも笑顔で明るい「自立女子」
□恋愛を楽しんでいる
□自分の人生を楽しんでいる
□ネガティブな感情に対する罪悪感がない
□どんな自分にも「まぁいっか♡」と思える余裕がある
□怒りや不安など、望まない感情の切り替えが早い
□自分の人生に集中している
□好意を素直に「ありがとう」と受け取れる
□ファッションもメイクも、自分の気分を上げるため♪

私はよくセッションで、**「自分を悩みの中に置くのではなくて、一歩外に出てその悩みを見てみましょう！」**とお伝えしています。具体的には自分で自分の親友になってあげるイメージです。

あなたは、友人には前向きな言葉をかけられるのに、自分のこととなると厳しい言葉をぶつけてはいませんか？

ご機嫌女子タイプ

- 自分の人生を楽しむ♡
- ネガティブになってもOK!
- いつも笑顔の自立女子
- 「ありがとう」の受け取り上手

自分への厳しさが行き過ぎると、悩みに拍車がかかります。
悩みに没頭し過ぎてしまうと、恋愛もうまくいかないもの。
もし今のあなたにとって、ご機嫌女子が遠い存在だとしても大丈夫。
「悲劇のヒロイン」で「いい子ちゃん」で「クレクレ女子」のトリプルパンチだった
私も、ひとつずつやめていくことで、ご機嫌女子になれましたから！
さああなたは、「始めること、やめることノート」にどんなことを書いてみますか？

Lesson

3

不安になっても大丈夫♡

思い込みを手放す、
恋愛チョロい宣言♪

NOTE 2

思い込みの上書きノート

私たちには、たくさんの思い込みがありますが、普段はなかなか気づく機会がありません。「思い込み」というくらいなので、自分に定着しているからです。「それって本当に？」と自分のフィルターを通すクセをつけましょう。そのためのワークがこのノートです。自分の中にある思い込みに気づいた時点で、半分はもう手放せています！

一度書くだけでも大きな効果がありますが、思いついたらその都度書き足してみてください。自分のベースを整える効果が高いノートなので、人によっては、あっという間に人生が大きく変化することも！　未来にたくさん期待をしながら、書き出してみてくださいね。

P80～に
みんなの思い込み例が
紹介されているので
参考にしてみてね！

自分の恋愛観を再確認してみよう！

特に「いらない思い込み」が多いのが恋愛です。自分の恋愛観の棚卸しのつもりで書いてみましょう。中でも多い思い込みがこの２つ！

・恋愛だけがうまくいかない

・素敵な出会いがない

同じような思い込みを持ってる人はぜひ、上書き保存してみましょう。

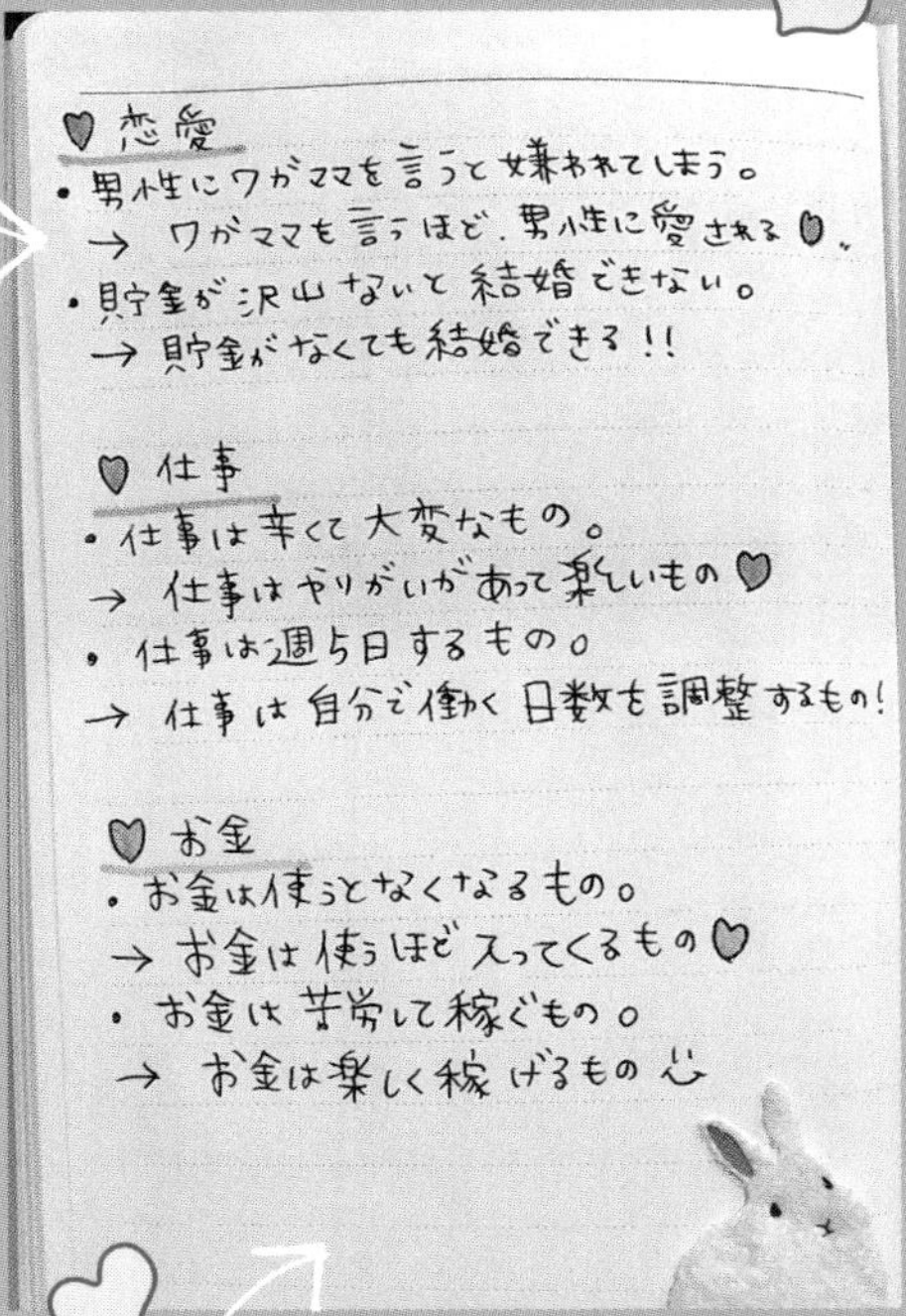

♡恋愛
・男性にワガママを言うと嫌われてしまう。
→ ワガママを言うほど、男性に愛される♡。
・貯金が沢山ないと結婚できない。
→ 貯金がなくても結婚できる!!
♡仕事
・仕事は辛くて大変なもの。
→ 仕事はやりがいがあって楽しいもの♡
・仕事は週5日するもの。
→ 仕事は自分で働く日数も調整するもの!
♡お金
・お金は使うとなくなるもの。
→ お金は使うほど入ってくるもの♡
・お金は苦労して稼ぐもの。
→ お金は楽しく稼げるもの

note 2

思い込みを反転させよう♡

思い込みをひとつ書いたら、必ず一度「それって本当に？」と考えます。そして、思い込みを反転させたものを書き添えてみましょう。例えば、「素敵な出会いがない」→それって本当に？→「私が出会いに積極的になれていないだけ。出会いは日常に溢れている！」…のような感じです。

反転した内容は本心から思えなくても大丈夫！

最初は反転してみた内容が、本心からそう思えないこともあると思います。それでも大丈夫！　まずは反転してみましょう。ガチガチに固まっていた脳みそが、新しい価値観を自然と探し始めます。

ワガママは言った方が愛される！

「思い込みの上書きノート」は、**いらない「思い込み」をやめるためのノートです。**親から教わったこと、学校で学んだこと、テレビからの情報、他人から聞いたことなど、私たちはさまざまな思い込みを持っています。

あなたを覆っているたくさんの思い込みを一度整理し、**本当にそうなのかな?**と疑ってみましょう。恋愛についてはもちろん、お金や仕事、生き方についても。

例えば、いい子ちゃんタイプには、彼に「これを買ってほしいな」と言えない人が多いのですが、そこには「ワガママを言うと嫌われる」という思い込みがあります。

思い込みのブロックに気づいた時は、**「それって本当に?」と疑ってみてください。**まずは「ワガママを言っても、愛されている人はいるな」と視点を切り替えてみてほしいんです。そして、そのまま**思い込みを反転させてみてください。**ここでは、「ワガママを言った方が男性に愛される♪」という具合です。

このようにして、ネガティブな思い込みを、ポジティブな思い込みに上書き保存していきます。

悲劇のヒロインタイプの人で、「私だけが幸せじゃない」という思い込みを持っていた人は「SNSで幸せそうに見える人たちも、見えないところで努力しているのかも…」と気がついて、「みんな一緒だ」と思い込みを書き換えていました。

クレクレ女子タイプの人は「○○をしてくれたら彼は私のことが好き」というルールがたくさんあるので、このノートが特におすすめです。どんどんマイルールの上書きをしちゃいましょう。例えば、「たくさん連絡がくる＝愛されている」というもの。これも、思い込みかもしれませんよね。

私なら、「愛の量と連絡の量は比例しない」と上書き保存します♡

不要な思い込みを見つけたら、どんどん新しい思い込みで上書き保存しちゃいましょう。正解は、その人それぞれ。人の数だけあるものです。望まない思い込みを持ち続けることはやめて、望む思い込みへとチェンジしていきましょう！

引き寄せを邪魔する〝ミルフィーユ〟に要注意！

実は私は〝**ミルフィーユ**〟女、でした！

ミルフィーユとは、そう！　あのミルフィーユ♡

何層にも重なったサクサクのパイと、クリームでできたスイーツのことですが、あんなふうに、たくさんの「思い込みの層」が私の思考を包んでいたんです。

幼い頃、両親や先生から「こうしちゃダメだよ」と教えられたこと。「みんなそうだから」という、世間の常識や他人の目。生きてきた中で他人からもらった「たくさんの思い込み」が、私の本音の上にミルフィーユみたいに積み重なっていました。

ミルフィーユの層の厚さは人によって違っていて、薄い人もいれば、すごく分厚くなっている人もいます。私のミルフィーユは、かなり分厚かったと思います（笑）。

世間の常識
他人の目
両親の意見

この思い込みのミルフィーユが分厚くなるほど、自分の本音から遠ざかって、自分がどうしたいのか?が分からなくなってしまいます。

そして層が分厚い人ほど、なかなか願いが叶いにくいのです。

思い込みに「良い・悪い」はない♡

あなたももし、思い込みのミルフィーユに支配されているな…と感じたら。

「それって本当に?」と、自分に問いかけてみてください。

すると、いい意味で真実を疑う隙間が生まれます。

引き寄せには、この「隙間」が大切なんです。

そして、「私の中にこの思い込みはいらないな!」と感じるものを見つけたら、その思い込みは今すぐ取っ払ってしまいましょう。

ただし、**自分の中にある思い込みに対して「良い・悪い」というジャッジは、しないでください。**「この思い込みがあるから私はうまくいかないんだ」というのも、ひとつの思い込みだからです。思い込みに「良い・悪い」はありません。ただ気づいて手放すだけでいいのです。

私の友人（30代・営業）は、約6年間彼氏がいませんでした。仕事もできて、女子力も高く、周囲からは「モテそうなのに不思議だね」といつも言われていました。

これまで片思いの恋愛ばかりで、男性に振り回されてはフラれることを繰り返していた彼女の口グセは、「恋愛だけがうまくいかない」でした。

まずは、その口グセと思い込みに気づき、やめることからスタートしてみたのです。私はいつも彼女に「不快なことは偶然！　嬉しいことは必然だよ！」と声をかけ続けていました。たとえ恋愛がうまくいかなかったとしても「いつも私はうまくいかない」のではなく、「今日、たまたまうまくいかなかっただけ」。

根づいたクセを改善するのに時間はかかりましたが、「思い込みの上書きノート」を書き出してから3ヶ月後、これまで接点のなかった部署の違う男性と、職場の仲間を通じてお誘いがあり、食事へ行くことに。それをきっかけに2人でもデートを重ね、結婚前提の交際がスタートしたのです！

彼女も彼に対して、以前から「カッコイイ人だな」と好印象を抱いていたそう。でもまさか、こんなふうに繋がりができるなんて！と、とても驚いていました。

このように何層にも重なった思い込みのミルフィーユが薄くなり、自分の本音に近づいていくと、願いを引き寄せやすくなります♡
そして何より、思考が軽やかになって人生がとても生きやすくなります。

本心で思えなくても、とりあえず上書き！

もうお分かりですよね！　あなたのミルフィーユを剥《は》がすためにぜひ実践していただきたいのが、この章の冒頭で紹介した**「思い込みの上書きノート」**です。

「とりあえず書いてみたけど、どうしても心からそう思えません」と言う人もいます。

だけど、最初からすぐに思えなくても大丈夫。

意識を変えることで現実が後からついてくるから。

分厚いミルフィーユを剥がすために、**「こんな考え方もあるかもな」って思えるだけでOKです。**ひとまず書いてみてくださいね♡

思い込みの上書きノートを書いてみると、忘れた頃に、書いたことを証明するような出来事が起こりはじめます。「貯金がないと結婚できない」という思い込みを、「貯金がなくても結婚できる」に変えたことで、結婚した受講生もたくさんいます。

何を隠そう、私もそのうちの1人なんです。

私の場合は面白いことに、「貯金がなくても結婚できる」と書いてから、急にお金が貯まりはじめました。頑張って貯金をしていた頃は、全く貯まらなかったのに！　思い込みが現実になるのも、引き寄せの力！　実は当然のことなんです。

「無駄な思い込み」100人ノック

先日、私が主催しているオンラインサロンのメンバー100人に、「あなたの思い込みを教えてください」とお願いしてみました。すると、驚くほどたくさんの思い込みが寄せられました！

この中に、あなたが今まで思い込んでいたこともありませんか？

誰かの思い込みを見れば、「私の中にもあるな…」って気づけるはず。

さあ、あなたはその思い込みを、どんなふうに上書き保存しますか？

それぞれの下には、私からの「上書き案」も書いてみました！
ぜひ参考にしながら、あなたもノートに書き出してみてください。

恋愛に関する思い込み

・彼から連絡がこないから愛されていない↓愛の量と連絡の量は比例しない
・私は結婚できない↓私はその気になればいつでも結婚できる
・私を愛してくれる人はいない↓私を愛する人に必ず出会える
・彼に執着してはいけない↓彼に執着してもいい
・年下からは恋愛対象に見られない↓恋愛に年齢は関係ない
・私はすぐに飽きられる↓私はどれだけ一緒にいても飽きられない、面白い女性
・彼に浮気されるんじゃないか↓彼は一途で真面目な人
・アプリでの出会いはよくない↓アプリで出会って結婚した人はたくさんいる
・結婚しないと幸せになれない↓人生の幸せは結婚以外にたくさんある
・ありのままの自分では愛されない↓ありのままの自分を出すほど愛される

日常での思い込み

・頑張らなくちゃいけない↓力を抜くほどうまくいく
・断ったら嫌われる↓断っても関係は変わらない
・失敗すると嫌われる↓私は失敗しても愛される存在
・目立っちゃいけない↓人生の主役は私
・会社をやめちゃいけない↓自分に合う場所を探せばいい
・お金がない！↓お金はたくさん巡ってきている
・これを食べたら太る↓食べたいものだけを食べれば太らない
・人に迷惑をかけてはいけない↓大切な人ほど迷惑をかけ合うもの
・お金を稼ぐには頑張って働かないといけない↓好きなことで楽しくお金を稼いでもいい
・どうせ思い通りにならない↓人生は全て思い通りになっている

自分に対する思い込み

・常に強気でいないといけない↓たまには弱さを見せていい

・このままの私じゃダメだ↓私は生きているだけで素晴らしい存在
・みんなに好かれるわけない↓自分が好きな人だけに囲まれて生きる
・私は色気がない↓私の色気は内側からあふれている
・私は面白くない↓私は明るくてユニーク

引き寄せでの思い込み
・いつでもポジティブでいなきゃいけない↓たまにはネガティブもあっていい
・幸せでないといけない↓どんな自分でも願いは叶う

思い込みは、気づいた時点で半分消化されています。
ゲーム感覚で楽しく書き出してみてくださいね。

恋愛は「チョロい宣言」で叶えよう♪

仕事も恋愛も。女子会も習い事も。すべて全力投球で充実させたい！

あなたはこんなふうに、頑張ることがクセになっていませんか？

「頑張ることは素晴らしいこと」と、信じて生きてきた人は多いのではないでしょうか。

特に、引き寄せを真面目に実践している人は、頑張り屋さんが多いです。頑張ることと自体は悪いことではありませんが、頑張り過ぎることで逆効果になることも！

それは、**頑張り過ぎると「毎日を楽しめなくなってしまう」**から。

すると、あなたの波動が下がってしまうんです。

私の実感では、**8割の女性が頑張り過ぎです！**　ですから、私のセミナーではいつも「頑張るよりも楽しみましょう！」と伝えるようにしています。

恋愛で幸せをつかむことが難しいと感じる人には、**「恋愛なんてチョロい♪」**の口グセをおすすめしています。「簡単だ」という言葉よりも、力が抜けるのでお気に入りです（笑）。

あなたが「難しい」と思うことは、引き寄せの法則的にもどんどん難しくなっていきます。難しいと感じることは全て「チョロい♪」に変換して宣言してみましょう。

・モテるのはチョロい♪
・人間関係の良い会社に転職するのはチョロい♪
・好きなことを仕事にするのはチョロい♪
こんな感じでつぶやいてみます。すると、**不思議なほど心がホッとして、本当に「難しいこと」ではなくなっていきますよ♡**
頑張る、ガマンするのブロックを外して引き寄せを楽しむための魔法の言葉です。

何に「気」を使うかで人生が変わる

あなたは何に「気」を使っていますか？

気とは、人間の持つエネルギーのこと。車でいうガソリンのようなものです。

私たちが一日に使える「気」は限られています。しかも、ポジティブな思考よりもネガティブな思考に使うエネルギーの方が、消費量が大きいと言われています。


無駄な「気」を使わないようにするだけで、人生は激変します。

思い込みの上書きノートを書いてミルフィーユの層が薄くなってくると、自然と無駄なことに「気」を使うことは減っていきます。さらに、今までは気にならなかった人間関係や環境に、違和感を感じてくることも。これは、悪いことではありません。むしろ、**自分の本音に気づけるようになってきたサインです。**

違和感があることは、その都度ひとつずつ手放していきましょう。そして、あなたの「気」になること＝エネルギーになることに、たくさん動いていきましょう！

私のまわりには、手放すことが得意な人・決断の早い人がとても多いのですが、そういう人は、「気」の無駄使いがありません。だから、私も一緒にいて「気」がラクだし心地いい。そして、「気」が合うのだと思います。

気楽に生きるとは、ただラクをすることではなくて、自分の人生を「私らしく」楽しむことに気を注ぐこと。

あなたは毎日、何にどれくらいのエネルギーを使っていますか？　あなたの人生において、本当に大切だ！と思うこと以外の悩みで、頭の中が埋め尽くされていないでしょうか？

「悩むことが大好きな私」になっていない？

「悩むこと」は大きなエネルギーを使います。

だから、もしその悩みに今は解決法がないのであれば、**いったん悩むことをやめて、自然の流れに任せてみることも大切です。**


私は以前、日常の中に悩みを作る「問題作り」が大好きでした。

もちろんそれを認めたくはありませんでしたが、悩むことを自ら選び続けるのは、「悩むことが好き」なのと同じこと！　あなたも自分の中に悩みを次々と探していたり、まだ起きてもいないことを心配して問題視してしまうなら、昔の私のように、悩む自分を好んで作り出しているタイプでしょう。

そんな私も今では**「悩みを作る」って、単なるクセ**だと思えるようになりました。

クセなら、自分で繰り返し意識することで修正していけますよね。

深く悩み続けるクセをやめれば、毎日がもっと生きやすくなります。

私は「ああ、また不安になっているな」と思ったら、思考をストップする練習をしていました。人間ですから、不安や怒り、憂鬱《ゆううつ》な気持ちになることはもちろんありす。でもそこで、その感情に浸るのではなくて、**一度思考をストップしてしまうのです。**具体的には次のような感じです。

何か悩みそうになるたびに、一度思考をストップします。

そして**「これは本当に問題なのかな？」**と、自分に問いかけてみてください。すると、実はそんなに問題ではないことを、好んで悩もうとしていた自分に気づけます。

悩みを手放すと、脳内にも心地いい隙間ができます。これまでは気づかなかった「挑戦したいこと」がふと浮かんできた！という人もたくさんいましたよ。

ネガティブになっても大丈夫なワケ

もうひとつ、みなさんがよく言うのが「マイナスなことを考えるとマイナスなことを引き寄せそうで怖い」というもの。

けれど、一時的にマイナスなことを考えたとしても、ずっとマイナスな感情に浸り続けなければ大丈夫！　**引き寄せの法則は瞬間的にすぐ引き寄せるものではなくて、感情のエネルギーを繰り返し出し続けることで作用するものだからです。**たとえマイナスなことを考えてしまったとしても、消せるものはすぐに消してしまえばいい。

なんて都合がいいんだ、と思いましたか？

そう、それくらい気軽に考えていいんです。

私はいらない妄想や不安が出てきたら、**PCのデリートキーを頭の中にイメージして、「やっぱり今のはなし！」と、すぐに頭の中から削除していました。**

シンプルですが大きな効果があるので、不安になりがちな人は、ぜひ試してみてください♪　「不安って自分でコントロールできるんだな」という感覚を、ぜひ体験してみてほしいです。

不安になることが悪いわけではありません。ただ、ずっと不安に浸かっていては、他のことが楽しめません。無駄な不安、考えても仕方のない不安は一度ストップ！

そしてデリートしちゃいましょう。

感情は自分で選べる

感情の一時停止は、怒りの感情にも使えるテクニックです。何でもない日常の会話の中でふと感情的になり、彼に当たり散らした後で、「もう嫌われたかも」と落ち込んだことはありませんか？

誰だって本当は、怒りたくないですよね。

怒りの感情が出てきた時も、一度ストップしてみましょう。

そして、**「私は今、怒りの感情を感じたいんだな」**といったん認めてあげましょう。そして、**「私はこの出来事に対してどんな感情を乗せたいかな？」**と、自分に問いかけてみるんです。

例えば、好きな彼から今日は連絡がこないという事実があるとします。ここですぐに湧き上がってくる**感情を一度ストップ**してみます。そして、次に**どんな感情を乗せ**

たいかな？と考えてみましょう。

①　なんで連絡をくれないの？と、怒りの感情を乗せる

②　彼は私のことが好きじゃないのかな？と不安の感情を乗せる

③　彼は仕事で忙しいのかもしれないな…と労《ねぎら》いの感情を乗せる

④　もう少ししたらまた、自分から連絡してみようかな♪と信頼の感情を乗せる

他にもきっと、たくさんの選択肢があるはずです。

私も昔は、いつも自分の感情に振り回されていたので、感情は自分で選べると知ってからとても生きやすくなりました♡

この「感情は選べる」というお話は、セッションでも毎回とても反響が大きいテーマです。感情って自分で選べるんだ！と知るだけでも、気持ちがラクになりますよね。

「感情を自分で選ぶこと」を実践して、プロポーズを引き寄せた女性もいます。

彼女には付き合って4年目になる遠距離恋愛中の彼がいて、その年は初めて、彼女の誕生日を一緒に過ごせることになりました。

当日、「彼はいつプレゼントをくれるんだろう」「もしかしてサプライズなのかな？」

とずっとワクワクしていたのに、結局「おめでとう」を言われることもなくデートが終わってしまったそう。これってすごくショックですよね！

でも彼女は、そこで怒るのではなくて「彼が私の誕生日を忘れていた」という事実に、どんな感情を乗せるのか？と、考えてみたそう。

もちろん、怒る、泣く、彼を責めるといった選択肢もあったけれど、**「彼が私の誕生日を忘れていた」ことと「彼は私のことを好きじゃない」という不安とを結びつけない選択をしました。**

セッションでその話を聞いた私は、「感情的に想いをぶつけるよりも、悲しかった気持ちを冷静に話す方が伝わりますよ。次に会う時は盛大にお祝いしてね♪と伝えましょう」とアドバイスしました。

次のセッションで彼女に会った時、「彼にお祝いしてもらえましたか？」と聞いてみると、豪華な食事と大きなホールケーキが用意されていて、プレートに「ごめんなさい」と書いてあったそう。彼とのとてもかわいいエピソードに気持ちが和みました。

彼はものすごく自分を責めたそうですが、彼女の優しさに愛情を再確認し、それから半年後に彼女にプロポーズをしたのです。

結婚したくてもできないと悩む人の多くは、ちょっとしたことを悪く考え過ぎ、彼の愛情を疑ってしまうクセがあります。

疑いのエネルギーで彼に接していると、彼にもそれが伝わってしまいます。

なかなか結婚の話が進まなかった人たちも、自分で感情を選べることに気づいてからは、一気に進展していましたよ♡

「まわりの幸せを喜べない私」が出てきたら

全国のセミナーで受講生とお話ししていると、自ら問題作りをしている人が多いことに気づきます。

代表的な例のひとつが、〝**まわりの幸せを喜べない私問題**〟です。

親友に彼氏ができた、友人が結婚するなど、本来喜ぶべき時に心から喜べない自分のことを「問題」にしているのです。

人付き合いもありますから、お祝いの言葉はかけるべき。だけど、心から喜べない自分のことを責める必要はないんですよ。自分自身が悩んでいて余裕のない時に、心から「おめでとう」とお祝いするのは苦しいですから。
これも「○○じゃなきゃいけない」という思い込みのひとつです。「まわりの幸せは、自分が苦しくても喜ばなきゃいけないもの」「それができない自分はダメな人間だ」…こんなふうに**自ら問題を作り出してしまいます。**

きっとあなたの友人も、無理にお祝いしてほしいとは思わないはず。人は幸せいっぱいな時って、そんなにまわりのことは気にならないものだから。
自分を責めるのはやめて、目の前のワクワクすることにエネルギーを使ってみませんか？　自分の悩みが解決したら、一緒に喜べばいいのです。

もしくは**「友人にあやかろう！」**と思ってみてください。
幸せのエネルギーって、近くにいる人から伝染していくものです♡
お祝いに限らず、「○○できない自分はダメ」と思う人は、いい子ちゃんタイプに多いです。「できない自分」を責めそうになったら、ミルフィーユを剥《は》がすチャンスだと思って、「思い込みの上書きノート」を書いてみてくださいね。

インスタグラムは最強のイメージングツール！

ここ数年の間に、さまざまな種類のＳＮＳが普及して、現実の世界ではなかなか知ることのできなかった、他人の考えや近況を簡単に知れるようになりました。

でも、その反面、自分と他人を比べて落ち込む人が多いのも事実です。

ネットサーフィンの時間が増えると、**意識の矢印が自然と自分ではなくて、他人にばかり向いてしまうからです。**

私もＳＮＳの世界に浸り過ぎないようにと、日々気をつけています。

ＳＮＳはあくまで「楽しむもの」。

実は私は、他人のブログをほとんど読みません。あまり多くの情報を入れ過ぎないようにしているからです。ツイッターのタイムラインも、**自分が見たいものだけにして、見ても気分が上がらないなと感じるものは見ないようにしています。**

例えばカップルでも、彼のＳＮＳはフォローしていないという人もいます。彼が何をしているのか？ 常に気になってツラい人は、あえて彼の投稿を見ないことで気持ちがラクになる場合もあるんですよ。

私が思うＳＮＳの有効な使い方は、**自分にプラスになる情報だけを積極的に取り入れること**です。

私は、インスタグラムを楽しいイメージングに使っています。

引き寄せで言う、理想の未来を視覚から先取りする方法です。

「結婚したら、旦那さんにこんなご飯を作りたいな」

「新婚旅行は、ハワイのこのホテルに泊まりたいな」

「○○さんたちのような、仲良しカップルに憧れるな」など…。

未来の自分を投影しながら、見たい情報だけを楽しんでいます！

現在、私がフォローしているのは、友人や知人以外だと、「こうなりたい♡」という人たちだけ。特にお気に入りの投稿は、旦那さんがご飯を作ってくれることのあるラブラブなご夫婦のインスタグラムです。

昔は、私のまわりには両親が離婚をしている人が多かったので、結婚に対してあまり幸せなイメージを持てませんでした。

だけど今では、素敵な結婚生活のイメージにたくさん触れることで、「こんなに幸せな結婚をしている人たちがいるんだ！」と思えるようになり、結婚に対するイメージがポジティブなものになりました。

こんなふうに、**インスタグラムを自分のイメージの書き換えに使っています。**

SNSの中でも特にインスタグラムは、基本的にキラキラ写真が多いので、ネガティブな情報も入りにくくておすすめですよ。


ちなみに、私がインスタグラムでイメージングを始めた当初は、理想とはかけ離れた生活を送っていました。

彼氏はとても忙しい人で、月に一度会えればいい方。

かわいい食器を集めたいけど、どこで購入すればいいのか分からない。

海外に行ったこともなければ、貯金すらない。

でも今では、どの理想も叶えられる状況を手にしています。さらには、当時憧《あこが》れて目標にしていたご夫婦に負けないくらいの仲良し夫婦にもなれています！

視覚からの引き寄せは、とても効果的でワクワクします。
みなさんにぜひ、おすすめしたいです！

完璧主義じゃない人の方が、結果、成功する

「完璧」を待っていたら、いつまでたってもできないことがたくさんあります。ふと昔、そう気づいた日がありました。

ダイエットに成功して、痩《や》せたらスカートをはこう。
肌がもう少しきれいになったら、欲しいコスメを買おう。
気になる人と仲良くなれたら、食事に誘ってみよう。

これは全部昔の私が思っていたこと！　今ではこういった考えをやめて、逆転の発想をするようになりました。
痩せたら着たいと思っていた服を今着ることで、体が服に合っていく。体への意識

も高まる。

爪が強くなったらしようと決めていたネイルも、結局憧れだけで数年が過ぎていました。でも、先にネイルをすることで爪は強化されていくし、爪の形も整っていくのだと、ネイリストさんからも教えてもらいました。

行動できない人って、完璧になってからやろうとするんです。

例えば「自分に自信がついたら起業しよう」とか「お料理に自信がついたら彼に作ってあげよう」とか。

「完璧」って、向上心の強い人ほど、なかなかたどり着けません。

結果、いつまでたっても満たされず、何も始められないのです。

早く理想の状態に近づきたいのであれば、完璧主義は今すぐやめましょう！

今すぐとりあえず動いてみる方が断然近道です。

行動すると、全体のエネルギーも回りはじめます。新しい出会いを求めて結婚相談所に行ってみたことで、結果元カレと復縁することになった人など。予想もしていなかった方向から、結果が出ることもあります。

だから「もっとこうなりたい」と、完璧を求めてしまう人ほど見切り発車をおすすめします。言い訳をしている時間はもったいないですよ。


私もつい、完璧を目指してしまうことがあります。

まだ妊娠が判明する前、結婚後のプランを完璧に立てていたんです。

6月に新婚旅行でハワイに行くから、2月から4ヶ月間はトレーニングに通って、痩せてかわいい水着を着よう！ ハワイの海で、ウエディングフォトも撮ろう！ など、ワクワクしながら細かい計画をいっぱいノートに書いていました。

ところが妊娠が判明してからは、つわりがツラいとか、安定期に入るまでは飛行機に乗るのも不安だな…という悩みが出てきてしまい、その完璧な計画は、一気に実現できなくなってしまいました。

主人とは、安定期に入ったら行こうか？とも話していたのですが、当初の計画とは違っていますし、妊娠して体の重い時期に写真を撮ることに抵抗があり、延期することになりました。

だけどその後、完璧にしなくてもいいんじゃないかなって思ったんです。**「今は完璧な状態じゃないから」という理由をつけて、「できない自分」を作りたくない！**

まずは近い未来で、できることから叶えてあげたいと思っています。

飛行機は難しくても、近場に出かけることはできる。

出産のために、マタニティ専用のトレーニングで体力作りをすることはできる。

できない理由探しはやめましょう。

あなたが「今したいこと」は何ですか？

行きたい場所はどこですか？

何となく諦《あきら》めていたことや、理由をつけて隠してきた夢を、全部見つめて叶えてあげたいですね♡

Lesson

4

1ヶ月で
引き寄せ体質になる

ワクワクしながら

五感を磨く

NOTE
3 30days チャレンジノート

このノートは、私のノートの中で最も繰り返し実践してくださる人が多いノートです。

私自身や私のまわりにいる、願いを引き寄せることが得意な人の習慣を30個厳選しました！楽しみながら引き寄せ体質になれますよ♪

具体的な実践用の30日間のノートはP180～に掲載しています。1日目から順番に「今日のテーマ」を日々意識して過ごしてください。

この30日間は、「私が私を絶対に幸せにする！」と決めてみましょう。自分自身のための思考と行動が、素敵な毎日を創ってくれますよ。

Everyday is a new day.

日記感覚で
感想や気づきを
書こう♡

下の写真は以前自分でノートを書いた時のもの。ノートを実践してみての気づきや感想を、日記感覚で書いていきます。このノートは「今ココ」を楽しむ意識を持たせてくれるノートです。気づきを書き残しておくことで、あなたに合う方法を知るチャンスにもなります。内容は実践しやすいことばかりですが、毎日できなくても大丈夫！　気分の乗らない日は、無理せずお休みをとりながらトライしてみてください。あなたが「楽しむこと」が、何よりも大切なポイントです。

仕事がスムーズに終わった

いつも全然噛めてなかった ゆっくり食事すると気分が良い♡

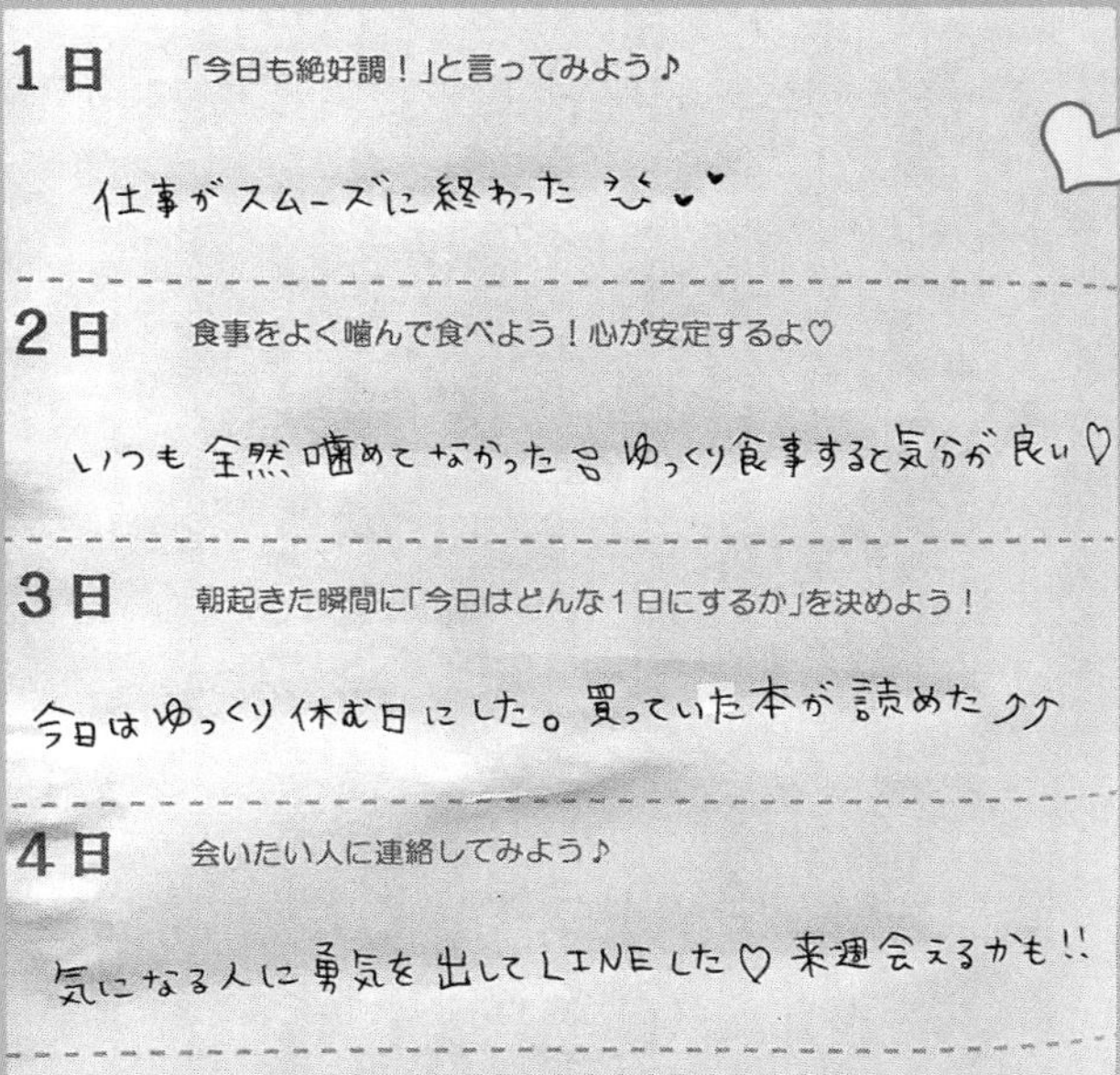
今日はゆっくり休む日にした。買っていた本が読めた
気になる人に勇気を出してLINEした♡ 来週会えるかも!!
5日 お風呂に粗塩をひと握り入れて、ゆっくり深呼吸♪
気分がスッキリ♡ お風呂でイメージングもしてみた ♡

実践の
メリットを知ると
効果もアップ！

本書のP180〜のノートには、毎日の実践内容に加えて、実践することのメリットを書いています。基本は楽しく続けられればOKですが、メリットを知ることで、より引き寄せ効果も高まりますよ♪

引き寄せで願いが叶う人の生活習慣

引き寄せで願いが叶う人、叶わない人の違いってどこにあるんだろう?

その秘密は、普段の生活習慣にあるんじゃないかな?

そう思った私は、願いがたくさん叶っている人たちの習慣を観察し、いくつかの共通点を見つけました。それは、特別なことではなくて、**今この瞬間の「小さな幸せ」をたくさん集めていることでした。**

その中で具体的に「効果あり!」と実感したものをまとめたのが、この**「30daysチャレンジノート」**です。

「30days」とした理由は、私たちの生活習慣はだいたい3~4週間で変わると言われているからです。1日やって終わるのではなくて、30日間続けることで習慣が変わり、**気づけば引き寄せ体質になれる♡**というわけです。

日々のチャレンジは本当に些細なことばかりです。「スマホの待受画面を心ときめくものに変えよう」とか「玄関を掃除しよう」という感じ。
「言葉」「衣食住」「本音に従う」の3つのジャンルがあり、各項目のチャレンジが、定期的に出てきます（ただし、飽きないように少しずつ内容は違います）。こうして、楽しみながら何度も繰り返すことで、引き寄せ体質が自然に習慣化されていくのです。

未来ばかりを見るのをやめる

「30daysチャレンジノート」は、書いていて楽しい上に、どんどんいいことが起きるので、とても人気のあるノートです。

実はこのノートの本当の目的は、「未来ばかりを見るのをやめる」ため。つまり「今を楽しむ」ことに集中するためのものです。

私たちは、何か叶えたい大切な願いがある時、頭の中で一日中そのことについて悶々《もんもん》と考えてしまいがちです。考えること自体は、悪いことではありません。

だけどその時、あなたは未来ばかりを見ていませんか？

引き寄せの法則で大切なのは、**今の感情のエネルギーです。**

どんなに素敵な未来を描いていても、「今」が疎《おろそ》かになっていては、素敵な未来へと繋がっていきません。

・95%の宇宙にお任せできず、5%の自分の意思だけで何とかしようと必死になってしまう
・願った自分と現在とのギャップに落ち込んでしまう
・まだ叶わない…と毎日気になってしまう

これは全て、未来ばかり見過ぎているから起きること。

このノートにあるチャレンジは、実践すると分かりますが、未来ばかり見ることをやめて、今いい気分になるためのものばかりです。

願いを設定したら「書いた内容はもう忘れて、30daysチャレンジをやっていれば大丈夫!」と言えるほど、自信のあるノートです。

なかなか願いが叶わないいな?と感じたら

現実は変わってないのに、なんだかもう全部叶ったような穏やかさ♡

私の内側はちゃんと変化してるんだな。この波動がきっと素敵な未来を創るぞ♡
状況は何も変わってないのに、叶ったかのような安心感。理由もなく、だって叶うんだもん！と自信がある。つい最近までは、そんなこと全く思わなかったのに…昨日から突然！　不思議な感覚♡

これは、グループセッションの初回セッション後にいただいた、みなさんからのご感想です。

引き寄せの法則（自分と向き合うこと）をスタートすると、まず最初に**「何となく」穏やかさや安心感が生まれます。**こんな根拠のない安心感なんて、意味がないと思いますか？　いいえ、こう思えることはとても大切なんです。だって**「今、いい気分になれている」**から。「いい気分」でいると「いいこと」が引き寄せられる、これが引き寄せの秘訣《ひけつ》。

引き寄せは体感ありきなので、お伝えしたことを日常でどれくらい意識していただけたかで変化のスピードが異なります。

変化のスピードには個人差もありますので、もしなかなか叶わないな、と思ったとしても、焦らずマイペースに。

できていない部分ではなくて、できている部分に目を向けてみましょう！

どうしても、自分のこととなると変化に気づきにくいもの。つい、できていない部分に目が向きがちです。そんな時は、自分は未来ばかり見ているな、といったん気づいて、引き寄せはあくまで楽しいゲーム！と考えてみましょう。そして、「30days チャレンジノート」で今を楽しむことに集中してみてください。

「昔の私」がリバウンドしてきたらどうする？

引き寄せを実践して「何となく心穏やかな日が増えたな♡」と実感する頃には、時々元の状態に戻そうとする力も働きます。「せっかくポジティブに過ごしていたのに、昔のネガティブな自分が出てきてしまう」のが分かりやすい例ですね。

だけどこれは、自然の原理！　不安にならなくても大丈夫ですよ。

変化している最中に、これまで定着していた思考のクセが、ひょっこり顔を出すだけなので焦らないことが大切です。

例えば、恋愛相談をやめられずにいたBさん（30代・保育士）。最近は誰にも相談しなくても、自分の意思で決められるようになっていました。「ああ、私はすごく成長したな」と思っていた矢先、また相談したい気持ちが出てきて悩んでいました。

私は「そんなに気にしなくていいですよ。変化の過程によくあることです。以前の自分に戻ってしまった…と焦るよりも、私は変われているから大丈夫！って認めてあげてくださいね」とお伝えしました。

次のセッションでお会いした時、彼女は「まわりの人に意見をもらってみたけれど、自分で答えを決めました」と、変われた自分を認められるようになっていました。

すぐに変わりたい！　すぐに結果を出したい！

このような状態の時には、なかなか願いが動かなくて、もどかしいかもしれません。

焦りの波動が焦る現実を引き寄せてしまい、焦りが倍増することもあります。

結果を焦り過ぎてしまうと、少しずつ成長している自分の姿に気づきにくいんですよね。だけど結果を急ぐ人ほど、引き寄せるスピードが遅くなりがちなんです。自分の小さな変化に敏感な人ほど、結果がついてきています。

五感がときめく選択をするだけ♪

引き寄せを実践していると、「ふと」や「なんとなく」の第六感（直感）がさまざまなサインをくれます。その第六感を磨いてくれるのが、五感の力です。

五感とは、視覚・味覚・聴覚・触覚・嗅覚。

私は毎日の中で、この**五感がときめく選択**をできるだけ意識しています。

- 視《み》てときめくものを目にすること
- 味わって幸せを感じる食事をすること
- 聴いて元気になる音楽や言葉を耳にすること
- 触って心地いいものを身にまとうこと
- 心ときめく香りを身につけること

五つの感覚は、あなたの「好き♡」を明確にして、本当の自分と繋げてくれます。

目の前の小さな「好きなこと」や「楽しいこと」を大事にできていない人は、そもそも自分の本音に蓋《ふた》をして生きている状態です。だから、「ふと」、「何となく」、という直感が出てきづらくなっています。

蓋を開けて本音と繋がりやすくするために、日々の小さな選択を大切にしてください。するとと本当に好きなものや本当に楽しいものが分かるようになるし、本当は自分はどうしたいのか？という感覚が出てきやすくなります。

五感がときめく選択は、特別なことでも難しいことでもありません。

ただ、**本音で「心地よさ」を選ぶことです。**

例えば、とりあえずお腹が空いたからコンビニのおにぎりを食べておくという選択よりも、今本当に自分が食べたいと思うものをゆっくり選んで食べること。

こんなふうに、意外と身近なことから引き寄せ力は高められます。

特に夜更かしと暴飲暴食は勘が鈍ります。恋愛がうまくいってない人の「やめたいこと」を募集した時に、夜更かしや暴飲暴食を挙げている人が多くいらっしゃいました。生活習慣の乱れなんて…と疎かにしがちですが、五感が鈍って、恋愛の引き寄せ

がうまくいかない人は意外に多いので意識してみてください。

おしゃれが好きな人は、幸福感が高い

私が思う「女性の特権」は、笑顔でいることと幸せであること。

そして、もうひとつ。**「美しくあること」**も、女性の特権だと感じています。

生まれ持った顔立ちのことを言っているのではありません。女性が美しくあるために、日常でおしゃれを楽しむことを、疎かにしたくないなと思うのです。

おしゃれにお金を使うことを無駄使いだと感じていたり、罪悪感を抱く人は少なくありません。だけど、おしゃれをすることは**大切なセルフイメージの向上です。**

メイクや髪型でも印象は大きく変わります！

あなたも、その日のお肌のコンディション次第で気分が変わったりしませんか？

自分に似合うもの（色・形・素材など）を知ること、パーソナルカラー診断や、骨格診断を受けてみることもおすすめです。

でも、何より大切なことは、**「気分が上がるもの」を取り入れること！**

安いからとか、年齢に合う服を着なければ…とか条件だけで選んで、自分の本音で選ばない人が多いんです。誰かの評価ではなくて、自分の評価で「これすごく素敵！」と思えるものを身につけましょう。

五感を育てるプチレッスン①
通販よりもお店で試着

ショッピングも恋愛と同じ。失敗するほどうまくなります。

私もこれまで何度も失敗しました。

通販で買ったらサイズ感が違っていたとか、写真で見るよりも素材がチープだったとか。何度も痛い目を見て、やっぱり**自分の目で見て**気に入ったものを試着して買おうと決めました。

一度試着してみた服が帰宅してからも気になる場合、通販で買うこともあります。

自分の選択に自信がない時は、ショップ店員さんや仲の良い友人に相談しても良いでしょう。こんなふうになりたいな、と思える人の意見はとても参考になります。

五感を育てるプチレッスン② プリン髪を放置しない

スキンケアやヘアケアは五感に直結する部分です。毎日のスキンケアやヘアケアを丁寧にするだけでも、自分を大切にできているな♡と実感できます。

特に髪には、美意識が表れます。潤いがなくてパサパサだったり、根元がプリンになっている人は、五感を大事にできているとは言えないのではないでしょうか。恋に悩む時間を、自分磨きの時間に置き換えることは、とてもおすすめです。

五感を育てるプチレッスン③ 暗いカラーの服をやめる

私のセミナーの受講生たちは、回を重ねるごとに面白いほどきれいになっていきます。まず最初に変わるのが、選ぶ服の色。最初は黒や紺色などの暗い色ばかりを着ていた人も、明るいトーンのファッションになってきます♪ メイクや顔の透明感も変化して、オーラや雰囲気、表情が変わります。それに連動して、持ち物やネイルも変わり、**全体的にハッピーな印象になるんです。**

この効果を逆に取り入れてもいいと思います。

まずは暗いカラーの服ばかり着るのをやめて、明るい色の服を増やしてみる。

いつもとは違う髪型に挑戦してみる。

なりたい自分を先取りするイメージで、ときめくものを身につけることを楽しんでみましょう♡

五感を育てるプチレッスン④　1パーツだけしっかりメイク

女性は耳で恋をする、男性は目で恋をする…という言葉もあります。

あなたは「自分を美しく魅せるメイク」を知っていますか？

まずは自分の魅力的なパーツや、メイクで特に強調したいポイントをひとつ決めてみましょう。そして、その**「魅せたいポイント」から先にメイクを始めます。**

全体のバランスを考えて、魅せたいポイント以外は引き算することも大切です。

ちなみに、私はまつげとチークにポイントを置いて、アイシャドウやリップはシンプルなカラーで仕上げています。

恋を引き寄せるために特におすすめなのが、目元をきれいに魅せることです。

ハイライトや自然なパールできらめく目元を演出しましょう！

夜にディナーに出かける際は、唇にポイントを置くメイクも魅力的です。

洋服や天気、お出かけする場所に合わせた色使いも素敵ですよね。

魅せたいイメージに合わせたメイクで素敵な恋も引き寄せましょう♡

運動で運気を上げる♪

「運動は運を動かす」という言葉を聞いたことがありますか？

私は運動を始める前は、運動に対して「ただキツいもの」というイメージを持っていました。でも、素敵なトレーナーさんとの出会いをきっかけに、運動にはたくさんの

メリットがあることに気づけたのです。**それからは、運動が楽しいものに変わりました！**　そのメリットとは次の3つです。

・空腹を感じにくくなる
・腸の運動が高まり、便通が良くなる
・ストレス発散になり、気分が前向きになる

え？　運動するとお腹が空くんじゃないの？と思いますよね。

確かに運動後はお腹が空きます。でも、暇《ひま》な時に口さみしくて食べてしまうという間食がなくなります。これは筋トレすることで食欲に関わるホルモンが出て、不要な食欲を抑えてくれるためと言われています。運動自体がストレス発散にもなり、暴飲暴食をすることがなくなりました。まわりの友人たちも、運動を始めてからストレスによる暴飲暴食が減ったと話していました。

私はマシーンを使ったトレーニングに通っていますが、歯磨きの時に爪先立ちすることも、寝る前のストレッチも、帰りに1駅歩くのだって立派な運動です。

「忙しいからできない」と、やらない理由をつけるよりも、何かひとつ気分転換に取り入れてみてください。

五感を育てるプチレッスン⑤

心がザワつく時にはストレッチ♪

「今日は心がザワザワするな…」と感じる日は、簡単なストレッチがおすすめです。深呼吸を繰り返しながら行うと、気持ちも落ち着いてきますよ。

恋愛に悩む受講生から、ダンスを習いはじめたことで「悩む時間がグンと減った！」というご報告も受けています。**悩む時間を「美しくなる時間」に充ててみましょう。**ストレス発散になり、美意識も高まるなんて一石二鳥ですね。

余談ですが、腸内には、幸せホルモンのセロトニンを作る工場があると言われています。意識してみると確かに…私も便秘の日は機嫌が悪くなりがちです（笑）。

運動は、腸の動きも活発にします。日常の幸福感を高めることで、恋愛もうまくいかせちゃいましょう♡

甘いものへの依存度＝恋愛への依存度

私が毎日の食事で最も意識していることは、なるべくナチュラルな食材を選ぶこと。

特に**白砂糖や人工甘味料は、依存性も高くて、体を冷やすのでできるだけ控えるようにしています。**

「幸福感を高めるためには、体を温めるといい」ともいいます。

心と体は密接に繋がっています。

食事は体だけでなくて、心にも栄養を与えているのです。

私が白砂糖に依存していた頃、なんとなく不安…、なんとなく寂しい…といった不足感をいつも感じていました。実はこれは科学的にも証明されていることです。

「甘いものを食べると幸福感が高まる」という説を聞いたことはありませんか？

実際、精製された糖分を摂《と》ると、血糖値が急激に上がって脳内の報酬系ホルモンが一気に出るので、私たちの脳は強烈な幸せを感じることができます。でも、その血糖値はすぐに下がります。すると、幸福感を感じた後に、すぐにまた不安感が生まれる。このアップダウンを繰り返すと、ハイになったり落ち込んだり、気分に振り回されやすくなるんです。

このアップダウンはまさに、恋愛で悩んでいる時の気持ちみたいだと思いませんか？

私の経験上、白砂糖の依存性は非常に強いです。**やめようと思ってもなかなかやめられないところは、恋愛への依存度と似ているなと感じます。**

「何となく」心のバランスがとれない人は、栄養価の高いナチュラルな食事を意識してみましょう。思った以上に効果があるはずです。

五感を育てるプチレッスン⑥ 心がほっこりする食べものを選ぼう♪

甘いものを食べると脳内に報酬系ホルモンが一気に出て一時的にテンションが上がり、ハイになります。これは脳が喜んでいる状態です。

反対に、**体が欲しいものを食べると心がほっこりとした感覚になります。** おいしい出汁《だし》や、ハーブティーを飲んだ時など。なんだかじんわりとした安心感が広がりませんか？　あの感覚が心が喜んでいる感覚です。

私は脳が喜ぶものではなくて、心が喜ぶものを選ぶようにしています。

五感を育てるプチレッスン⑦ チョコレート依存の抜き方

実は私は3年前まで、毎日のチョコレートとココアが日課になっていました。

どちらも大体の場合は、精製された白砂糖をたっぷり含んでいますよね。

でも、食事の質やバランスを意識してからは、天然の甘みへと意識的にシフトしていきました。突然甘いものを減らすのがツラい人は、天然の甘味（果物やメープルシロップなど）にシフトすることからスタートするのが良いでしょう。

私の場合、一気にチョコレートをやめるのはキツかったので、**成分表示を見てカカオ濃度が70％以上のものを選ぶところから始めました。**カカオ濃度が低いチョコレートは、成分表示の一番上に砂糖が書いてあるのですが、カカオ濃度が高いものになると、一番目はカカオマスなどに変わります（成分表示は、より多く入っている成分の順番に書かれています）。このようにカカオ濃度が高く、砂糖の量が少なめのものを選ぶことで、少しずつ依存を抜いていきました。

五感を育てるプチレッスン⑧　白砂糖の代わりに甜菜糖《てんさいとう》を

甘いものだけにお砂糖が入っていると思っている人も多いのですが、ドレッシングなどにもたくさん含まれていますし、お料理にうまみとして使われていることもあります。そんな「隠れ砂糖」も含めて完全にやめようとすると、今の日本の食生活ではなかなか大変です。神経質になり過ぎると外食も楽しめなくなってしまいます。

そこで私は、自炊する時には、白砂糖の代わりになる**甜菜糖**を使っています。

白砂糖は体を冷やすのに対し、甜菜糖は体を温める効果があり、**GI値（血糖値の上昇指数）は65。**白砂糖のGI値が109ですから、血糖値の上り幅も緩やかです。甜菜糖はスーパーで手軽に買えますし、味にクセもないので、ぜひ試してみてください。

食事を整えていくと、不思議と「何となく」の不足感から解放されます。

私自身が一番嬉《うれ》しかったことは、基礎体温が35度から37度に変化したことです。体温が上がると、同時に幸福感も上がります。

すると、パートナーとのケンカだって減少するのです。

毎日口にしているものが、いかに大切なのか身をもって実感できました。

私たちは食べることで元気に動くことができますが、それは食べ物からエネルギー

をチャージしているから。食事のバランスが崩れると、決まって心のバランスも崩れます。心にも栄養が必要なんです♪

結局「幸せそうに見える女性」が人を惹《ひ》きつける

不思議ですが、人って生き様が全て顔に表れます。

顔を見れば、その女性の現在の幸福度まで、なんとなく分かってしまうものです。

悩みや不安でいっぱいな人は、眉と口角が下がっています。

肌ツヤや表情、内側から出るオーラでも伝わっていきます。

例えば、1日24時間の思考の中で恋愛の悩みが全体の8割を占めていると、残りの2割のうまくいっている部分も、**8割の悩みのエネルギーに巻き込まれて全体がドンヨリしてくる**んです。自分自身で曇らせているんですね。

究極を言えば「どれくらい幸せな人か」ということではなくて、**「幸せそうに見える女性」**が人を惹きつけます。

まずは見た目から幸せの先取りをしてみましょう!

恋に疲れた時は、自分磨きのチャンスです。あなたが発する輝きに相応《ふさわ》しい男性と、ご縁が繋がっていきますよ。

私の受講生の中には、恋愛がうまくいかずに悩んでいた状態から、復縁や結婚、新しい恋を叶えた女性がたくさんいます。

何度幸せ報告を聞いていても、自分の輝きを曇らせたままで幸せを手に入れた女性はいませんでした。**ツライ経験を経て幸せになった女性は、未来ばかり見るのをやめて、本来持つ輝きを取り戻した女性ばかりです。**

ジムに通いだした人、美容の勉強を始めた人、英会話の勉強を始めた人など…。

あなたも何か自信の持てるものや、楽しめる場所を見つけてみましょう。

恋愛のことを忘れるくらい、夢中になれる時間があればベストです！


例えば遠距離恋愛をしていたSさん（30代・ショップ店員）。

付き合いはじめた当初は、彼の仕事が忙し過ぎて、半年近く会えないこともあったそうです。彼が仕事で必死な時期に、Sさんは会えない寂しさから2人の将来に対する不安をぶつけてしまい、別れ話まで出てしまいました。

しかし、Sさんは不安を抱えながらも、以前から興味のあった料理の勉強をスタートすることに。資格取得のために大阪から東京へ、約1年間も通ったのです。

30daysチャレンジノートも書いていました。そんな好きなことを楽しんでいるSさんの姿に刺激を受けて、彼は転職を決意したそう。Sさんとの将来も考えて、これまでよりも時間に余裕の持てる仕事に！

Sさんはそれから半年後に、彼からのプロポーズも引き寄せました♡

いつでも「今」が一番幸せ♡

多くの人は、「かわいさ」や「きれいさ」、「スタイルが良いこと」など、外見を自信にしようとします。けれど、**本当に一番自信になるのは「自分が好きな自分であること」だと思います。**

ファッションも美容も、運動も料理も。

全てが自分を大切にすることにつながっています。

他人からの評価ではなくて、**頑張っている自分ってイイな、楽しんでいる自分ってイイな**と思う気持ちが、あなた自身を大事に思う気持ちを育ててくれます。

自分を大切にしていたら、大切にしてくれない男性を好きになることもありません。

私も、寝る前にゆっくりストレッチをしている自分に「私ってイイな！」と思っています。ただの自己満足にも思えますが、そんな自分を好きになれたら最強です！

毎日の選択は**「自分を好きになる練習」**のようなもの。

誰かの基準ではなく、自分の基準で美しく輝くこう♡
自分に似合うものを見つけて、自信を持って恋愛しよう♡
他人との比較ではなくて、自分にもっと目を向けて。
「いつでも今が一番幸せ」という感覚を大切にしています。

Lesson

5

いつも脇役の人生をやめて「私が主役！」の人生へ

自分軸になるだけで、
彼からびっくりするほど
愛される

NOTE 4 ワガママ♡恋愛（結婚）ノート

　このノートは、恋愛だけでなく、理想の結婚を引き寄せるためにとても効果的です。自分が本当はどんな恋愛（結婚）を望んでいるのか？　実は、自分でもよく分かっていない人がほとんどです。「いつも彼に振り回されてしまう」「このまま今の関係を続けていてもいいのかな？」と悩んでいませんか？　まずは遠慮せず、ワガママに！　自分軸で理想の恋愛スタイルを書き出してみましょう。今は特定の相手がいない人も、楽しんで書くことで理想の恋愛を引き寄せる効果があるので、ぜひ書いてみてくださいね。

みんなのノートもちょい見せ！

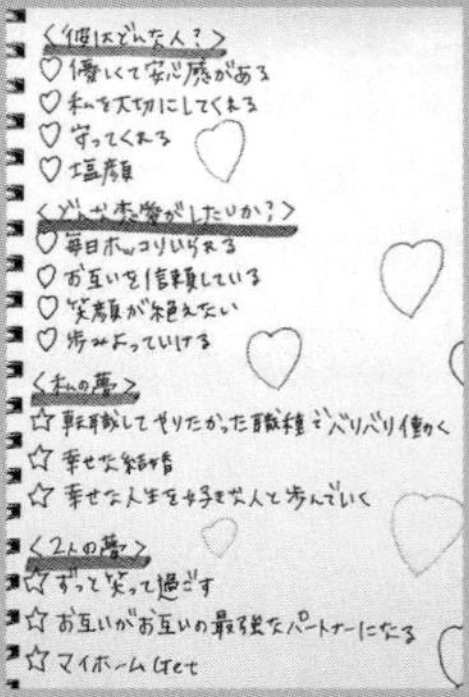

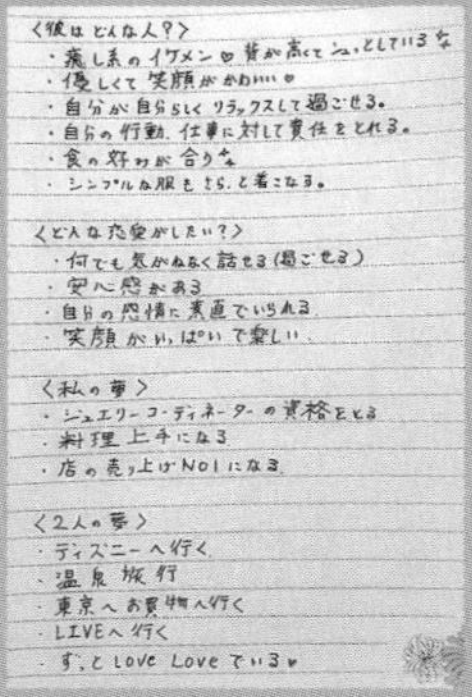

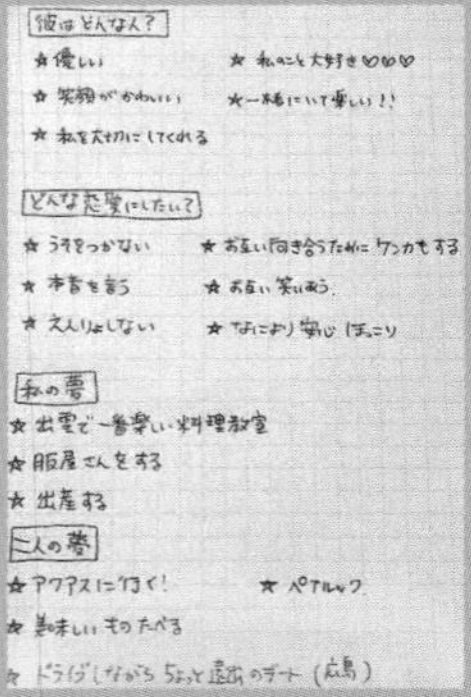

1. あなたの理想のパートナーはどんな人？
2. 理想のパートナーとどんな恋愛がしたい？
3. あなたの将来の夢は？
4. あなたがパートナーと２人で叶えたい夢は？

さあ、ワクワクしながら書いてみましょう！

書き出す内容は４つ♪

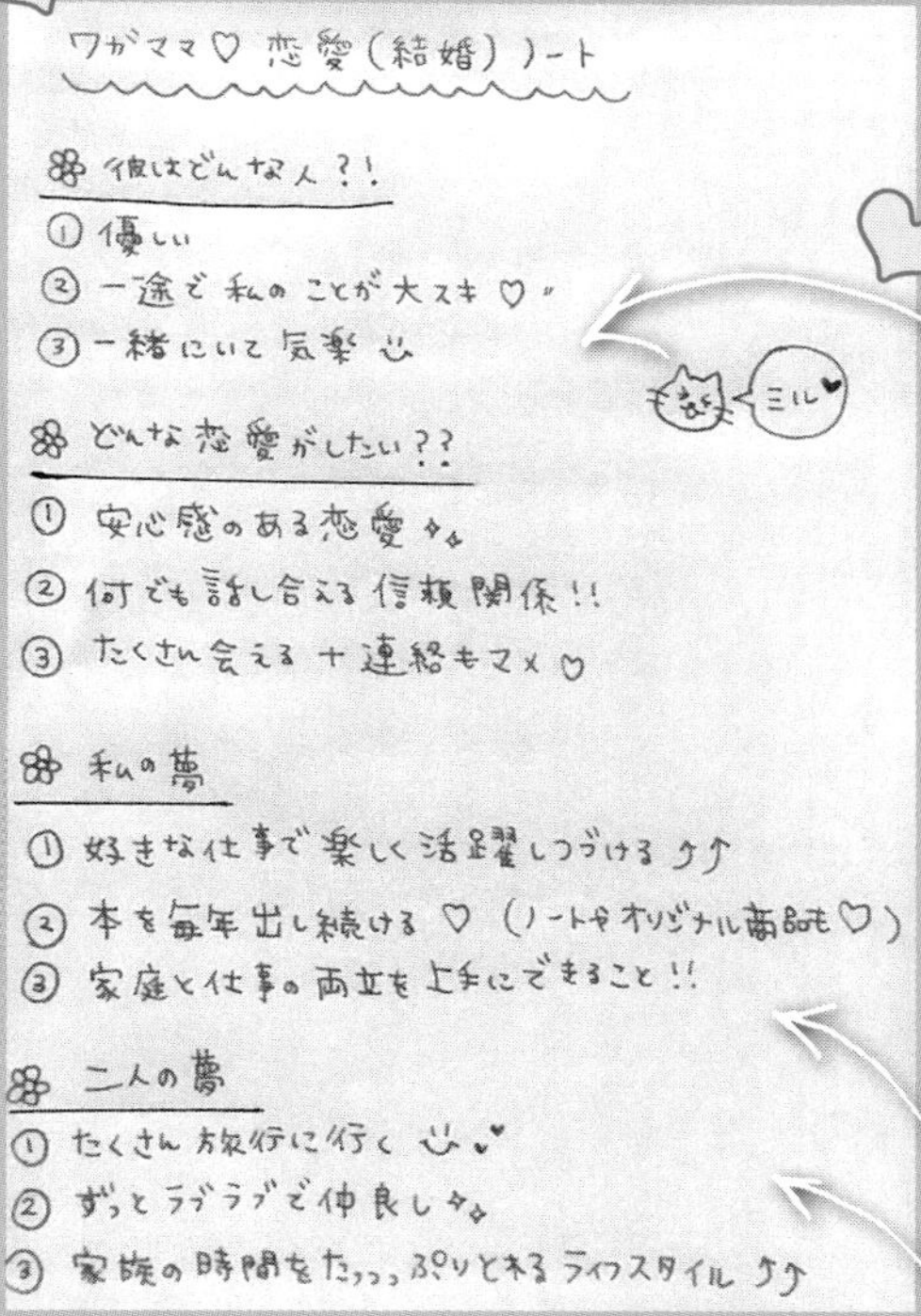
ワガママ♡恋愛（結婚）ノート

❀ 彼はどんな人？！

① 優しい
② 一途で私のことが大スキ♡
③ 一緒にいて気楽

❀ どんな恋愛がしたい？？

① 安心感のある恋愛
② 何でも話し合える信頼関係！！
③ たくさん会える＋連絡もマメ♡

❀ 私の夢

① 好きな仕事で楽しく活躍しつづける
② 本を毎年出し続ける♡（ノートやオリジナル商品も♡）
③ 家庭と仕事の両立を上手にできること！！

❀ 二人の夢

① たくさん旅行に行く
② ずっとラブラブで仲良し
③ 家族の時間をたっっっぷりとれるライフスタイル

特定の人を思い浮かべずに書こう！

彼がいると、どうしても相手のことを思い浮かべて書いてしまいますが、ここでの主役はあなた！「私の本当の望み」に気づくためのノートです。自分の心に正直に書いてみましょう。もちろん、世間の常識なども、ここでは一旦忘れてOK！

叶う力が加速する♡

特に３と４の項目は、今までよく考えたことがない人が多いもの。けれど、実はここが何よりも大切な「私の幸福感」に関わる部分。恋愛か？自分の夢か？と、どちらかを諦める必要はありません！　全て同時に叶えるものとして書いてみましょう。この２つの項目を恋愛と併せて考えてみることで、イメージも具体的になり、叶う力が加速します！

彼が主役の恋愛は、もうやめよう！

「ワガママ♡恋愛（結婚）ノート」は「彼が主役の人生」ではなくて、「私が主役の人生♡」を確立するためのもの。

恋も夢も結婚も♡　全部同時に叶えていい！　ワガママに生きよう！をテーマに作成しました。人生全般について書くノートなので、恋愛や結婚だけでなく「理想のライフスタイル」も同時に設定してみましょう。

今は特定の彼がいない人でも大丈夫。楽しく書き出してみてくださいね♡

書き出す項目は４つです。

1．あなたの理想の彼（結婚相手）はどんな人？
2．あなたはどんな恋愛・結婚がしたい？
3．あなたの将来の夢は？
4．あなたが理想のパートナーと２人で叶えたい夢は？

恋人とどれくらいの頻度で会いたいか？　どんなデートがしたいか？など、あなたは「自分の理想」を考えたことがありますか？　実際のところ、**相手に合わせ過ぎている、「彼軸」の恋愛をしている人がとても多いです。**さあ、「彼がこう言うから…」ではなくて、自分はどうしたいのか？を考えてみましょう。

書き方のポイントは２つ。

１つ目は、**特定の人（彼）を思い浮かべずに「自分の理想」を書き出すこと**です。「私の彼はこんな人だから」「彼が行きたい場所だから」…と、彼軸の願いを理想にすると、自分の本当の幸せが何なのかを見失ってしまいます。彼の人生の脇役になってしまうのです。**このノートを書く時は、自分以外の存在は一度横に置いておきましょう♪**

彼とうまくいかなくて恋愛に悩んでいる人も、このノートは自分軸の強化になるのでおすすめです。

このまま今の恋愛を続けていいのかな？

彼のことを好きでいていいのかな？

そう悩む時こそ、自分に立ち戻ってみてください。

こんな結婚がしたい、こんな人生にしたい。

ビジョンを明確に持つことで、初めて理想とする未来への扉が開きます。

他人を軸に理想を設定していると、なかなか自分に合う相手とも巡り会えないし、願いを叶えるプロセスも引き寄せられません。

だから、特定の相手がいない人にもこのノートを書いてほしいし、今すでに恋人がいる人も、自分軸で改めて理想を書き出してみてほしいです♡

2つ目のポイントは、**あなたの中で譲れないポイントだけを書くこと。**

理想はたくさん書くほどいい！と思いがちですが、ここでは5％の自分の意思だけで未来を決め過ぎず、95％の宇宙に素敵な引き寄せをお任せすることが大切です。

各項目は、**それぞれ多くても5つくらい書き出せば十分ですよ♪**

意識の矢印を自分に向けよう

「ワガママ♡恋愛（結婚）ノート」を書くと、今まで彼ばかりに向いていた**意識の矢**

印を、自分に向けることができます。矢印が自分自身に向くとは、**隠れた自分の本音を発見し、大切にしてあげること**です。いつも彼の都合に合わせてしまう…という人にも効果的なノートです。

「このノートを書いてみて、今の私の恋愛と本当にしたい恋愛とがずれていることに気がつきました。好きな人の前ではリラックスして本当の私でいたいのに、嫌われたくないからと彼に意見を合わせてばかり。必死に背伸びして、無理をしていました」と気づいたAさん（30代・会社員）。

「彼のことを、好きな人だからと強く意識するのではなくて、まずは友人として接してみようと思います！」とおっしゃっていました。恋愛の前に、1人の大切な友人なのだと。すると、一緒にいてどんどん安心感を感じられるようになってきたそうです。

他にも、復縁したいのに現状が何も進まなくて、焦りや不安を感じていたというKさん（30代・会社員）。このノートを書いてみたことで、そもそも「復縁することが自分にとっての幸せなのかな？」と疑問に思ってきたそうです。

「前の恋の不完全燃焼を何とかしたい！　この前の自分をなかったことにしたい！　自分の価値やプライドを保ちたい！…そんな、復讐《ふくしゅう》にも似た思いが復縁に固執させていたのかもしれません（笑）。私はやっぱり、安心感と信頼でいっぱいの楽しい恋愛をします♡」と、改めて宣言されていました。

2人とも、**書くことによって漠然としていた自分の希望がクリアになり、自分軸にしっかり立ち戻れています！**

頭の中で「こんな恋愛スタイルがいいな」と思うことはあっても、実際に書いてみる機会って少ないですよね。書くのに時間がかかるかも…と心配しなくても大丈夫。矢印を自分に向けてあげれば、意外にスラスラと書けるはずですよ♡

あなたの理想とする未来を、改めて描いてみましょう。

恋愛に集中するほど、幸せが遠ざかる

友人に会うと、恋愛トークばかり。毎日の日課は、恋愛ブログや恋愛コラムを読み漁《あさ》ること。**あなたは「恋愛」に脳内を支配されてはいませんか？**

頭では分かっていても、つい彼のことばかり考えてしまう…。そんなこともあるかもしれません。

実は、数年前までの私は、自分の人生において「恋愛」の優先順位が最も高かった人。だから恋愛がなかなかうまくいかなかったんです。

恋愛への集中力こそが、**無駄な想像や漠然とした不安を増殖し、「恋愛に悩む自分」を作り上げていく…。**そのことに全く気づいていませんでした。

ここでいう「人生における優先順位」とは、日常で頭の中を占めているものの割合

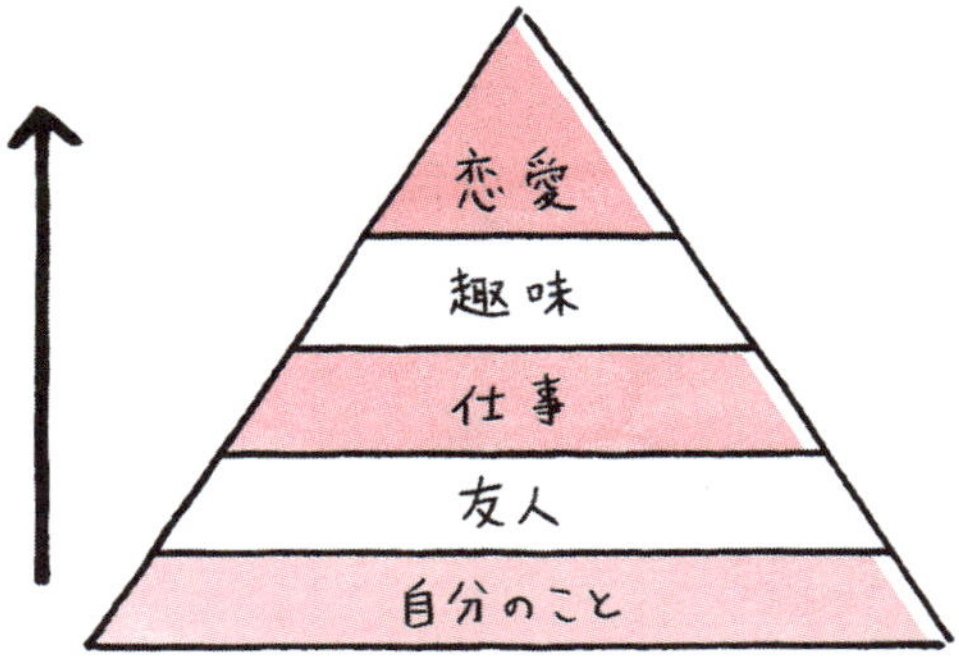

のこと。

現在の私は、自分の人生を楽しむことが、最も優先順位の高いことになりました♡

まず最初に大切なのは、**【恋愛】の中の【私】ではなくて、【私】の中の【恋愛】にすることです！**

恋愛は私の世界の全て…ではなくて、あくまで私の人生の一部。

このどちらを優先するかで、日々の幸福度や悩みの量も大きく変わってきます。

これは現在の私にとって、大切な生き方のベースになっています。


過去の私は、恋愛に自分の人生のほとんどを支配されていました。

だから、とても苦しかった！

彼軸の恋愛をしていたので、「彼がこう言ったから落ち込む」とか「彼に約束をドタキャンされたから落ち込む」ということが日常茶飯事。彼に愛されることが一番の幸せで、他のことをしていても彼のことばかり考えてしまい、常に恋愛に支配されている自分がいました。

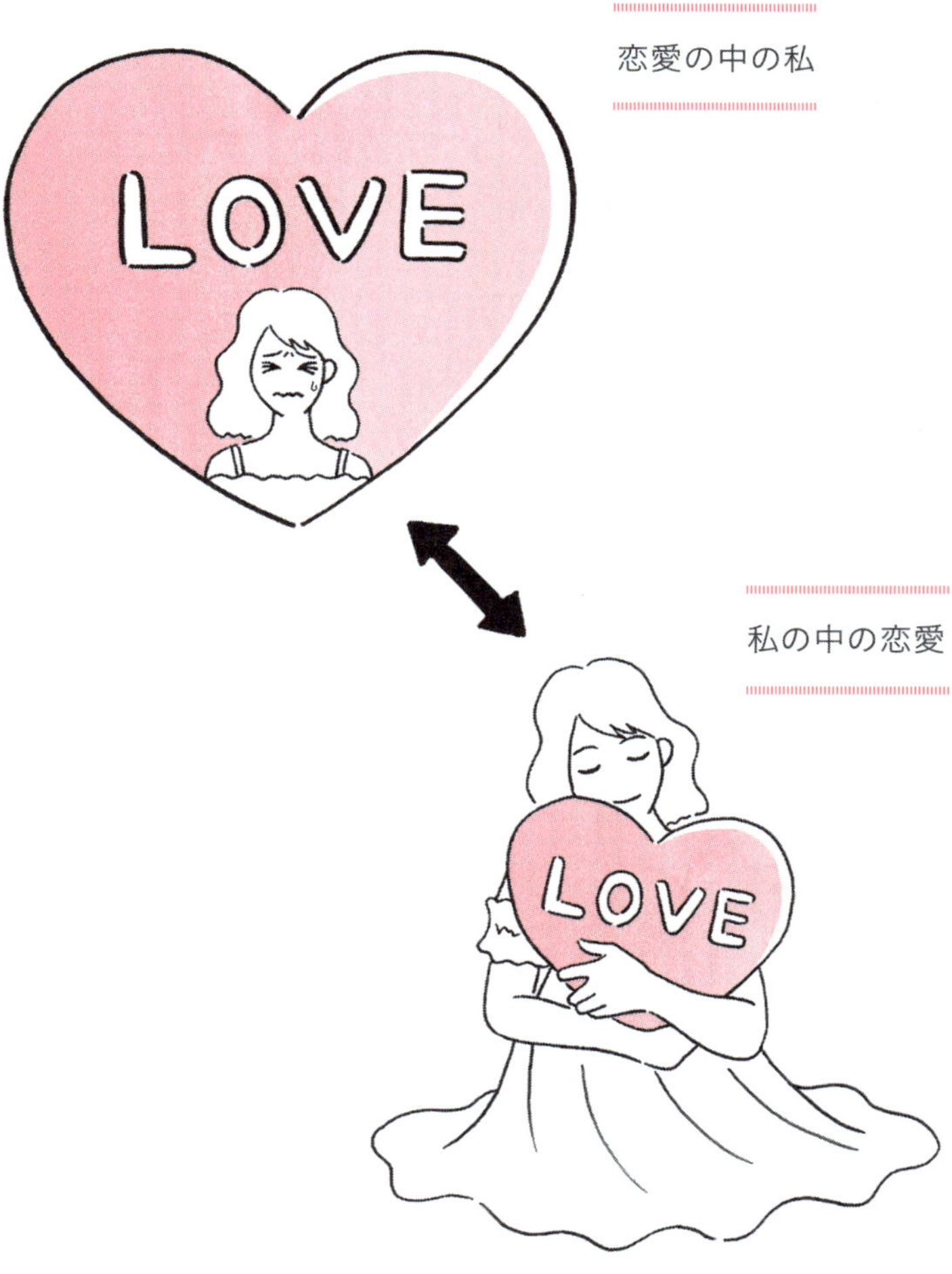
恋愛の中の私
LOVE
私の中の恋愛
LOVE

今考えると、相手の一言一句で自分の価値を決めているだなんて、彼に委《ゆだ》ね過ぎですよね。こんなかつての私のような人、実は大勢いると思います。

今だったら彼にドタキャンされても、その時間を使って買い物に行こう！　友達と会おう！と方向転換ができます。

彼と会っても幸せ、1人で過ごしていても幸せ。どちらも大切な時間なんです♪


人生には楽しいこと、愛しいものがたくさんあります。

そのことに気づかないほど、恋の悩みに時間を費やしていてはもったいないのです。

悩んでも答えが出ない時や、苦しい時。一度悩みを手放してみましょう。

自分１人の時にしかできないこと、今だからこそ出会えるものが、実はたくさんあるはずです。

学んでみたい資格や、行ってみたい場所はありませんか？

会ってみたい人はいませんか？

あなたが１人でも輝いている時、キラキラとした幸せの波動が、自然と彼にも伝わっていきますよ♡

想いはブレてもいい！
モチベーションも保たなくていい！

「もう恋愛で彼に振り回されない」と決めていても、しばらくするとまた想いがブレてしまう…。恋愛で悩む時は、こういうこと、よく起きると思います。

でもブレても大丈夫。**大切なのは、ブレないことではなくて、ブレるたびに決め直すこと！**　すると必ず、設定通りのゴールにたどり着ける日がきます。

決め直す時はぜひ、ノートに書いてみてください。本章で紹介している「ワガママ♡恋愛（結婚）ノート」だって、何度書き直してもいいんです。

受講生Cさん（30代・販売員）は、彼の仕事がとても忙しくてなかなか連休がとれず、付き合ってから3年目になるのに一度も2人で旅行に行ったことがありませんでした。そこで、彼女は自分の本音に従って「彼と2人で旅行を楽しむ！」と、ワガママ♡恋愛（結婚）ノートを真剣に書いてみたのです。すると3ヶ月後に、彼が急遽、有給休暇を取得できることになり、念願だった初めての旅行に誘ってくれたそう！

私もこれまで、気持ちがブレるたびに何度も決め続けてきました。

恋愛だけでなく仕事でも、起業した当初は、仕事がずっと続けられるかな？　本当にうまくいくかな？という不安がありました。フリーランスで働く人が、不安にならないなんて無理なんですよね。私は不安が出るたびに「こんな仕事をする」「こういう人になる」「絶対に出版する」と決め直していたんです。

気持ちがブレて不安になった自分を放置しないでほしいんです。

ブレる自分や迷う自分を責めないで、その都度、気持ちを再確認していきましょう。

もうひとつ多いお悩みは「こうする！と決めたことに対してモチベーションが続かない」というものです。決めたことは貫き通さなければいけないと思っているんですよね。それ、真面目過ぎです！

実際、常にモチベーションを保つのは大変です。

だけど、別に保つ必要はありません。**モチベーションが落ちたらその時はお休みもして、また決め直せばいいんです。**線じゃなくて点でいい♪

点をたくさん打っていけば、最後は繋がって線になるんですから♡

疑うのは、彼に甘えている証拠

彼のことを疑ってしまうというお悩みは、実は自分次第です。

どうしたらいいか？ではありません。

彼は私をどう思っているか？でもありません。

大切なのは、**あなたがどうしたいのか？　あなたが彼をどう思っているのか？**です。


私自身も、時には気持ちが揺らいで悩むことがあります。

だけどそのたびに、私はどうなりたいんだっけ？と**自分に矢印を向けて**「決め直す」んです。

揺れている時は、他人や運命に自分の人生を委ねている時。

悩んだ時こそ、自分で自分の未来を決め直すタイミングです。

彼を信じたい。そう思うのであれば、まずは彼を信じる！と先に決めること。

すると「彼を信じられる現実」がやってきます。

私も以前、彼に対して「飲み会に行ったら浮気をするんじゃないか」とか、「彼が他の子を好きになったらどうしよう」という疑いの心を持っていました。

だけどそれって、自分を信じていないようなもの。さらには彼にも甘えていたんですよね。彼を信じることから逃げていたんです。

そのことに気づいた私は、彼を丸ごと信じてみよう！と心に決めました。すると、不思議なことに彼の飲み会からの帰りが早くなったり、彼の仕事の転勤が決まり、環境が変わったことで飲み会自体が減るという現実が引き寄せられたんです。

これは、私の彼に対するエネルギーが、疑いから信頼に変わったことがきっかけです。**どんな感情のエネルギーで接するか？は本当に大切なこと。**

「信じてるよ」のエネルギーで飲み会に送り出すのか。「不安だなあ…」のエネルギーで送り出すのかによって、彼の態度も変わります。言葉にしなくても彼は無意識のレベルで感じ取っています。彼女からの疑いに応えたい男性はいないけど、信頼に応えたい男性は多いんです。

引き寄せのコツは、**根拠はなくても先に決めてしまうこと！**

今回の話で言うと、「彼は私が一番大切！」と先に決めておくんです。

すると根拠や自信は、後からついてきてくれます。

いつでも待つ女をやめる

待たない女になる、楽しく待つ女になる。

どちらでも良いです！ **大切なのは、待つことを「苦しい時間」にしないこと。**

私たちはないものねだりしやすく、不足に目を向けるとキリがありません。

１人の時間が少ないと１人になりたがるのに、１人の時間ばかりだと誰かを待ってしまうもの。それであれば、どちらも幸せな時間だということに気づいて、両方大切にしたいですよね。


先日、とてもホスピタリティーの高いレストランへ行く機会がありました。

働くみなさんが、本当にプロフェッショナルでかっこいいんです！

接客の人たちはお客様への笑顔や心配りが素晴らしくて、厨房《ちゅうぼう》の人も、ものすごい集中力で仕事をされているのが見ていて分かりました。

お料理に対する説明もひとつひとつ丁寧で、本当にこの仕事が好きなんだなと感じました。お客様を喜ばせたい！という熱量が、ひしひしと伝わってくるんです。

もしあなたの彼が、同じように熱量を持って仕事をしている人だとしたら、仕事中は絶対に、彼女のことを考える余裕はないでしょう。忙しい男性と付き合うのであれば、**自分も同じくらい集中できることを持っていた方が良いと思います。**

男性は特に、人生において「仕事の優先順位」が高い人が多いですよね。

目指すものがある人や、仕事への心構えが一流であればあるほど多忙になる。

そんな輝く男性とのご縁を繋ぐには、同じように自分も輝いていることが必須条件ではないでしょうか。仕事が好きな男性と一緒にいるには、その仕事に負けないくらい、女性にも「夢中になれるもの」があるといいですよね。

私が趣味もやりたいこともなく、ただ恋愛に集中してしまっていた時期は、男性からフラれることばかりでした。いつも「重たい」と言われて終了…。

彼以外に大切なものや楽しめることがなかったので、今思うと当然です。そこから私は**「自分のために人生を生きよう」**と決意し、気になることにはどんどん動いてみるようになりました。

すると、好きなことができ、好きな仲間ができ、「好き」を仕事にするまで成長したんです。「自分の意思」をしっかり持つことで、フラれることもなくなりましたよ。

選んでもらう恋愛ではなくて、**選ぶ恋愛**へとシフトしていきましょう。

先日、Yさん（40代・研究職）が、私が主催しているオンラインサロンに素敵な投稿をしてくれました。仕事が忙しくなった彼から「会う頻度を2週間に1度にしたい」と言われた彼女は、これまでなら悩みながらも受け入れてきたそうですが、自分の正直な気持ちを確認して、「私は1週間に1度は会いたい！」と、彼にプレゼンしたんです。そのプレゼンにとても驚いた彼は、「君は本当に面白い（笑）」と、笑顔で彼女の提案を受け入れてくれたそうです。

これこそまさに、自分軸の生き方！

彼の言ったことを「忙しいからしょうがない」と、ガマンして受け入れたとしても、結局は後でグチを言ったり、寂しくなってしまう女性が多いのではないでしょうか。プレゼンという前向きな形で、自分の気持ちを素直に伝えた彼女は、本当に素晴らしいと思います。

聞き分けのいい子にならなくていい

先日、とある取材で結婚についてお話しする機会がありました。
夫婦円満の秘訣を聞かれ、私が大切にしていることとして答えたのが「何でも2人で話すこと」でした。

言えない・聞けないが2人の間にあると、信頼関係が築きにくく、大切な話ができない関係になってしまいます。

困った時に、頼れない。悲しい時に、泣けない。不安な時に、聞けない。

こんなふうにガマンの多い関係は、恋愛期間中はごまかせても、結婚生活では寂しさを感じてしまうでしょう。相手にとって「聞き分けのいい子」になるよりも、お互いが自分らしくいることで、一緒に楽しく過ごしたいですよね。

まずは、伝えること。自分の中にある「伝えたい気持ち」を叶えてあげる。

そして、聞くこと。自分の中にある「聞きたい気持ちを」を叶えてあげる。

その両方が自愛なんだと思います。


自分が欲しいと思うものを相手にあげることこそ、最高のパートナーシップ。

愛されたいと思うなら、思う存分愛そう。

信頼されたいと思うなら、心の底から信じよう。

ほめられたいと思うなら、素敵だなと思うところをほめてみましょう。

笑顔でいるだけで、どんどん愛される

お付き合いしている彼をもっと夢中にさせたい時は、とっておきの方法があります。

それが、男性に**「愛している実感をプレゼントすること」**です。

方法はとっても簡単です♪　彼からの愛情を素直に受け取るだけ。

優しい言葉をもらえた時も。嬉しいプレゼントをもらえた時も。

そして恋愛に限らず、誰かが仕事を助けてくれた時も。

まずは、贈る側の気持ちになってみてください。

贈ったものを喜んで受け取ってもらえることは、とても嬉しいですよね。

それなのに、「(手伝ってもらわなくても)大丈夫です」「(私なんて)大したことないです」という受け答えをしてはいませんか？　こんな**受け取り拒否の口グセは今すぐやめて、「ありがとう」と、感謝して受け取るようにしてみましょう。**


「愛情を受け取ること」の他にも、彼にあなたを愛している実感をプレゼントする方法はたくさんあります。
・マイペースに自分らしく生きること
・自分の好きなことや、やりたいことを大切にすること
・頑張り過ぎないこと
「あなたが笑顔でいられる時間」と「彼があなたを愛する気持ち」は、比例していま

す。そう、**あなたが笑顔でいればいるほど、男性に「愛している実感」をプレゼントすることができるんです♡**

結婚してから特に感じるのは、男性は与えることで幸せを感じる生き物だということ。男性が女性を愛している実感を得るのって、「自分の手でこの女性を幸せにしているんだ」と感じる瞬間だと思いました。

以前、職場の上司がツイッターで「主人が作ってくれた生姜《しょうが》焼きがおいしい（涙）」とつぶやいていました。私はこのつぶやきを見て、とてもほっこりとした気持ちになりました。男性の愛を受け取って幸せそうな女性って、本当にかわいいですよね。それに、ご主人にとっては生姜焼きを作ることも愛情表現のひとつ。喜んで受け取ってもらえることで、奥様への愛情もより大きくなっているはずです！

女性が笑顔でいることの効果は、計り知れません。

女性が笑顔でいればいるほど、男性はますます愛する喜びを知るんですよね。

私はこのことを、主人との生活の中で強く実感しています。

男性が女性に対して「やってあげたい」と思っていることに対して、遠慮や気兼ね

は必要ありません。 そもそも彼らは、やりたくないことを「やろうか？」なんて間違えても言わないもの（笑）。あなたに喜んでほしいからこそ、頑張ってくれるんですよ。

だからこそ、「ありがとう」と喜んで受け取りましょう♡

旦那さんが手伝ってくれないのは、あなたに隙がないから

「旦那が何もしてくれない」と不満ばかり言う女性もいます。

もしかすると、あなたが「何もさせない女性」になっているのではないでしょうか。

以前は私の友人も、「旦那が家事を何も手伝ってくれなくて、イライラする」と言っていた時期がありました。だけど、その不満は旦那さんには伝えていませんでした。

「旦那さんが気づいていないだけかもしれないよ。試しに『ゴミを出しておいてほしいな』って伝えてみたら？」とアドバイスしました。

後日、彼女からはこんな報告メールが届きました。

「ゴミ出しをお願いしたら快く手伝ってくれて…お礼をちゃんと伝えたら、あれから

毎週、ゴミ出しを担当してくれるようになったよ。ありがとう！」と。

それ以降は彼女も「何でしてくれないの？」という気持ちを持つ前に、してほしいことを言葉で素直に伝えるようになったそうです。

旦那さんに全く悪気はなくて、奥さんは全部自分のやりたいようにやっていると思っていたそう。正直、ピリピリしている姿を見ると、「手伝おうか？」と声をかける気持ちにもなりにくいですよね。**手伝ってくれないことに怒るよりも、手伝ってもらえる隙を作る。そのためにはまず、素直にお願いしてみることです。**


1人で悩むよりも、2人で話そう。

疲れた日は、おいしいものを食べて笑顔になろう。

毎日が退屈に感じる時は、会いたい人に会いに行こう。

泣きたい日は、思う存分泣いてスッキリしよう。

あなたが笑顔になることは、まわりのみんなが望んでいることです。

何だか心から笑えない日も、まずは口角だけ上げてみましょう。脳が【私は今幸せだ】と思い込む効果がありますよ。

Lesson

6

「120%好き」だけを選ぶ♡

幸せも、豊かさも、
無制限に受け取る生き方

NOTE 5 理想の1日と1週間ノート

このノートは、とにかく楽しいノートなので今すぐ書いてみたくなるはず！　私自身、最短最速で願いが叶った、とっておきのノートです。ポイントは、文章ではなくタイムラインにして書くこと。言葉で書く以上に、楽しくイメージを膨らませることができます。

私たちが決めたことは、決めた瞬間から現実化に向かって動き出しています。そして、私たちが「どうせ無理だ」と決めつけない限り、動き出したエネルギーは現実化に向かってまわり続けているのです！

現実と理想は切り離して書こう！

今の現実がこうだから…とか、今の私が叶えられるのはコレくらいかな…などと、遠慮しないで書きましょう。このノートは、「こうなったら最高だな！」と本心から思える理想を書くノートです♡　現実のことは一旦横に置いておいて、自分がどんなことを望んでいるのか、思い切って書いてみましょう！　私はこのノートを書いてから3ヶ月後に、ほぼ書いた通りの現実を引き寄せました。けれど、書いた当初は、平日5日勤務のOLでした。それでも、平日に習いごとをする！という「理想の姿」を図々しく書いていました。

1日のスケジュールは詳しく書いてみよう！

理想の1日を書く時は、朝、昼、晩とざっくり分けた後、できるだけ詳しく書いてみてください。今は結婚していなくても、理想のスケジュールに旦那さんとのことを書きたくなったら、書いて大丈夫！　書いた内容にワクワクしたら大成功です！

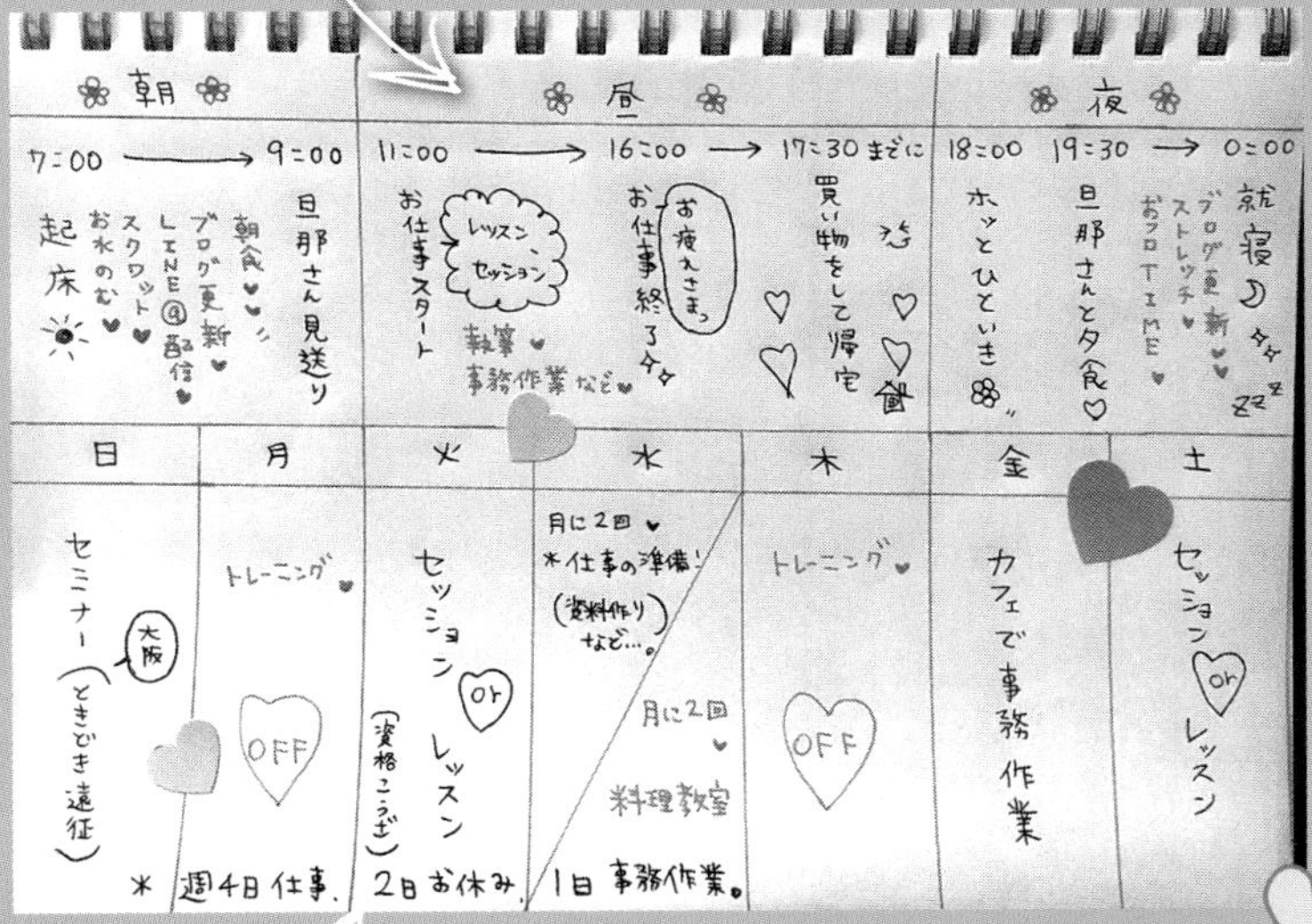

ゲーム感覚でワガママにイメージする♪

仕事や恋愛だけではなくて、ライフスタイル全般をイメージして、理想をどんどん書いていきましょう。欄外にもあるように、週に何日働きたい？などもワガママに書き出します。年に数回は仕事で海外に行く！などの、少し長いスパンの予定を書いてもOK。悩み過ぎずに、思いついたことをどんどん書いてみてください。

もっと図々しく♡　夢を叶えよう！

最後のノートは、私の人生を変えるキッカケとなった、最高にワクワクするノートです！　ブログでも公開したことのない初公開のノート♡

「私の理想の1日と理想の1週間」をタイムスケジュールで書き出してみましょう。

ポイントは、**今ある現実とは頭を切り離して考えること。**

あなたが本心で「未来でこうなったら最高だな♡」と思える内容を、図々しく書き出してみてください。例えば、現実は週に5日間働いていたとしても、週に3日勤務が理想なら、そのまま書いてみるんです。

就業時間や帰宅時間も、現状は無視して設定していきます。

私は平日の5日勤務をしていたOL時代に、初めてこのノートを書きました。

平日のゆっくりとした時間に習い事がしたかったので、普段なら仕事をしているはずの木曜日にトレーニングと書いていましたよ。

他にも、自分の好きな仕事で、週末は時々遠征するなど。書いた当時はイメージでしかない内容ばかり。だけど、初めてこのノートを書いた時、**本当にこうなったら最高だな！と、ものすごくワクワクしたことを覚えています。**

私が初めてこのノートを書いたのは、２０１５年の夏。

起業前のまだ会社員だった頃でした。

しかし、そのたった３ヶ月後には、ほぼ書き出した通りの生活を送れるようになっていたんです。

きっと、これまで書いたどのノートよりも、ワクワクのエネルギーが乗っていたからだと思います！　このノートを書いた後は、自分の持つたった5％の力を超えた、不思議な引き寄せが続きました。

そして、会社を退職し、起業することになったのです。

大きく日常が変わったので、最初はもちろん不安もありました。

それでも、宇宙の流れに乗るように、新しいステージに導かれていったのです。

このノートを書いた時、正直、「私ってものすごく自由な日常を望んでいるんだな」と感じました。だけど同時に、**「実際にこんな生活を送っている人もいるんだろうな」**とも思ったのです。

今の私にとっては、ここに書いた内容が普通の生活となり、私の中の「普通」という価値観が変わりました。同じような働き方の友人にもたくさん出会いました。

ごく当たり前のことですが、「普通」って、今自分が生きている世界のこと。

色んな「普通」があっていいし、どんな「普通」を望んだっていいんですよね♡

「書いたらこの通りにならなくてはいけない！」とプレッシャーに思うのではなくて、気楽に書いてみてください。

そして、**ノートを書いた後は毎日を楽しく過ごしましょう。**

願いを叶えるために必要なプロセスは、忘れた頃にやってくるもの。

あなたが望む、理想の１日と１週間。

楽しく書き出した瞬間から、叶えるためのエネルギーが動きはじめていますよ。

あなたの舞台のヒロインはあなた

あなたは、他人との比較や嫉妬《しっと》に苦しんでいませんか？

まわりと比べて何となく「自分だけがうまくいっていない気がする…」と、落ち込んでしまうこともありますよね。

けれど、実際は「自分だけ」なんてことはあり得ません。みんな同じように頑張っていて、同じように、不安や幸せの中で揺れながら生きています。

私は、ある時から考え方を変えてみました。自分の中にルールを設けてみたんです。

それは、**他人の舞台に上がらないこと。**

他人が主役の舞台に、なぜ私がわざわざ上がっていくの…!? 他人の人生の舞台に立っても、脇役にしかなれないのに…と、ある時ふと気づいたのです。

きっかけは、占い師のしいたけさんのブログを読んだことでした。

私のブログも、アクセス数が増えるに伴い、否定的なコメントが増えてきた時期でした。「仕方のないこと」と思いつつも、嫌な気分になっていました。

その時たまたま読んだしいたけさんのブログに、こんなことが書いてあったのです。僕がラーメン屋の店主だとしたら、15人に1人は殴られるようなラーメンを作らなければ誰にも響かない。だから、殴られる覚悟でリングに上がっている――こんな主旨のことが書いてあって、カッコいいなと思いました。

その時、私は誰に向けて発信しているのかを改めて考えました。**私を否定する人のために発信しているのではない。共感してくれる人や、心の支えになっていると言ってくれる人のために書いているのだと。**

それからは、上がる必要のない舞台に上がるのはやめようと決めました。

あなたにはあなたの人生の舞台があります。自分が主役の人生を歩めばいい。

他人の舞台に勝手に上がり、比較をして「私なんて…」と傷つく必要はないのです。

人生に闘いは必要でしょうか？　自分の舞台を放棄してはいませんか？

あなたの幸せが他人に脅かされることはありません。

比較してしまいそうになるたびに、自分に矢印を向け直してみましょう。

私だけのオリジナルの人生を生きる

あなたは誰のために生きていますか？

誰に認めてほしくて生きていますか？

私はまずは、私のため。そして、そこからシャンパンタワーのように、溢れた幸せを身近にいる大切な人たちに分けていけたら良いなと思っています。

自分のグラスに水が入っていないのに、他人にばかり分け与えていては、どんどん枯渇していきます。大切な人のためにも、**まずは自分を満たすことを意識してみましょう。**

それは、自分勝手ではありません。

自分に余裕がないのに他人のために行動し、イライラしてしまう方が自分勝手です。

「私だけのオリジナルの人生」とは、自分の感覚を頼りに生きる人生のこと。つまり、**自分を信じて生きること**です。

自分の感覚こそが、何よりもあなたの人生を良い方向へと導いてくれます。

喜びも、悲しみも、不安も、怒りも…悪い感情ではないのです。

全ての感情は、あなたの望みや向かうべき方向を教えてくれる道標《みちしるべ》です。

喜びを感じた時、「自分はこういうことがしたいんだな」と気づきます。

反対に、悲しい時は、その裏にきっと「こうされたら嬉しい」という欲求が隠れています。

不安も怒りも同じです。「私はこういう時に腹が立つんだな」と感じる裏には、やはり「こうされたら嬉しい」という想いがあります。

全ての感情は、自分の望みに気づくために出てきています。

あなたの感情こそが、人生で一番正しい幸せのセンサーです。

だから、怒りや悲しみなどの一見ネガティブに思える感情が出てきた時こそ、**「私は本当は何を求めているのかな？」**と考えるきっかけにしてください。

時々、憧れの人や仲の良い友人を見て、自分が本当にやりたいことを錯覚してしまう人がいます。誰だって素敵な人を見ると、「私もこうなりたいな」と感じますよね。だけど本当は、自分自身を見失わないことが、特別な存在になる秘訣《ひけつ》です。

恋愛でも、仕事でも。特別な存在になれる女性は「自分らしさ」を持っています。

私の友人は、家族の言葉に影響を受けて婚活を頑張っていました。けれど途中から「私はまだ仕事でキャリアも積みたいし、両親に結婚を急《せ》かされて焦っていただけかもしれない」という本音に気づき、婚活を一度手放しました。

すると、それからすぐに職場での昇格が決まり、これまで以上に仕事にやりがいを感じられるようになったそうです。

幸せの形も、結婚のタイミングも人それぞれ。誰かに決められた人生ではなくて、自分だけのオリジナルの人生を選んでいきましょう。

いつでも「輝くこと」を最優先！

女性は本来、みんなキラキラと輝いているもの。

だけど、自分でその輝きを曇らせている人も多いんです。

あなたのまわりにも、いつもキラキラと輝いて見える女性がいませんか？　彼女たちはみんな、**自分の心に正直に生きています。**心に曇りがないんですよね。

女性の輝きって、内面から出ているんですよ♡

だから、悩みに浸り過ぎることや、自分に嘘をつき続けることで、段々と輝きが曇ってしまいます。

「○○しなきゃいけない」などの思い込みも、同じこと。

つまり**思い込みのミルフィーユが分厚いほど、その人の輝きは曇っているんです。**


自分の人生を生きている人は、誰でもキラキラしています。好きな仕事をしていたり、楽しめる趣味を持っている人って輝いています。しかも、ハッピーなエネルギーをもらえるから、人が集まってくるんですよね！

せっかくの輝きを曇らせている人は、他人のことに自分のエネルギーを費やしている人。他人と自分の人生を比較したり、まわりの意見に振り回されている人です。

輝くって実は、そんなに難しいことではありません。

あなたが自分の本音に気づき、その本音を選択していくこと。

つまり、自分の心に正直に生きればいいのです♪

急激に波動を上げるには？

急激に波動（エネルギー）を上げるために効果的なのは、

・波動の高い場所へ行くこと

・波動の高い人に会うこと

この２つです。

私が個人的におすすめしている波動の高い場所は、**神社**と**ホテルラウンジ**です。

神社は、有名なところである必要はなくて、あなたが**「ここの雰囲気が好きだな」**

と感じる、感覚的に相性の良い神社でＯＫです。

私は、島根県にある出雲大社と、奈良県にある大神《おおみわ》神社が大好きです。

自宅から近い、住む土地を守ってくれている**氏神様**も大切にしています。

神社へ行くと、その場の空気を吸うだけで元気が出ます。


私が神社に行く理由は、純粋に自分が気持ち良いから。浄化されているような、気持ちが澄む感覚があります。また、人生に行き詰まった時に行くと、厄落としをしたみたいにスッキリします。

「行きたくなったタイミングで行く」ので、だいたい月に1〜2回は行っています。

神社へ参拝する際は、日頃のお礼をお伝えしてから「これからこうしていきたいです」と明確に伝えることが、私の参拝作法です。

好きな神社とはずっと繋がっている感じがあり、あやかろうとか、お願いだけして終わりという気持ちではなくて、**神様とお話をしに行くイメージです。**


ホテルのラウンジも、１杯のコーヒーが千円以上するだけあって、落ち着く空間や心地いいサービスが工夫されています。

優雅な時間とサービスにお金を支払うことは、セルフイメージを上げてくれます。

また、**空間には、その場のエネルギーに合う人が集まるので、素敵な人が集まる場所に身を置くことは、あなたのエネルギーを高めてくれることに直結します。**

毎回ではなくとも、定期的に優雅な時間を設けてみると、波動を高めてくれると実感できますよ。


波動の高い人とは、明るい人や、いつも笑顔の人。

そして、「否定の言葉がない」人。

「満たされている人」とも言うのですが、決してお金があるとか良い家に住んでいる…などの表面的なことではありません。

今ある豊かさに気づき、毎日を大切に過ごしている人のことです。

あなたの身近にも、何かがあるから幸せ…ではなくて、すでにある幸せに気づき、感謝している人がいるはずです。そんな人と、ぜひ一緒に過ごす時間を増やしてみてください。

満たされている人は、他人の意見を自分の意見で押し潰すことがありません。

否定的な言葉であなたを落ち込ませるのではなくて、どんな時もあなたの選んだ道を応援してくれるものです。

私は、身を置く場所や、共に過ごす人をワクワクの感情に従って選択することで、人生がガラリと変化しましたよ。

「50%好き」は好きじゃない。「120%好き」を選ぶ

本気の「好き」を選べるようになると、圧倒的に運気が上がり始めます。


好きな場所、好きな持ち物、好きな服、好きなお店。

毎日、自分で選択できるものはできるだけ「気分が上がる好きなもの」を選んでみましょう。「本気の好き」が何か分からない人は、まずは食べ物や飲み物から真剣に選んでみると、選択に悩まなくなっていきますよ。

私は引き寄せを始めた当初、薬局の前でしばらく悩んでいたことがあります。

とてもくだらない話ですが、これまでは何となく選んでいたトイレットペーパーの、

シングルを買うかダブルを買うかを真剣に悩んでみたのです（笑）。

このくらい「どうでもいいこと」ほど、あえて一生懸命選んでみましょう。

すると、失敗と成功を繰り返す中で、自分の「好き」が簡単に分かるようになるから不思議です。

自分の好きと嫌いを知っていることは、自分軸の基本です。

選択をする際のポイントは、**50％程度の「好き」は除外していくこと。**

中途半端に好きなものばかりで妥協するよりも、120％の「好き」を選んで身のまわりを固めたほうが、圧倒的に運気が上がるからです。

ではなぜ100％ではなくて、120％なのか。ここにもポイントがあります。

120％と意識するだけで、100％と言われるよりも真剣に考えるようになりますよね。そのくらい「自分にとって価値があると感じるもの」を選ぶ意識でちょうどいいのです。

120％と50％の違いについて、いくつか例をあげて説明します。

私が今通っている個人経営のジムは、私の状態に合わせてトレーニングメニューを組んでくれ、ちゃんと成果を出してくれます。週に2回以上通うことがルールでしたが、妊娠中ということもあり、今は週に1回通っています。それぞれのお客様に合わせた対応をしてくれることも、個人経営のジムならではだと思っています。トレーナーの先生は、ストイックでとても素敵な女性♡　先生のように凛とした女性になりたいとモチベーションも高まるので、120%好きなジムです。

一方、その前に通っていたジムは、チェーン店のジムでした。

家から通いやすい便利な場所にありましたし、たくさん店舗もあるから安心だと思って通いはじめたのですが、「トレーニングってツラいな」と違和感が出てきたんです。翌日は、階段を上るのも困難なほどの筋肉痛で、仕事に集中できないほど眠い毎日。「日常生活に支障が出るほど疲れるのですが、続けていたら慣れるものですか？」とトレーナーさんに質問したところ、「全店舗同じメニューでやっている」とのこと。初心者の私にはキツ過ぎて、ついていけなくなったので退会してしまいました。私にとっては、このジムは50%でした。

恋愛でも「50%好き」という状態にいる人をよく見かけます。**「彼のことが、本当に好きなのかどうか分からない」**とか、**「この人と結婚しても幸せになれない気がする」**

と、友人に話している人は要注意！

悩んでいる時点で、１２０％ではないことがほとんどです。

ショッピングでも「とりあえずかわいいし、これでいいか」と思って買うものは50％。

いろいろな服を試着してみて、気に入って選んだものは、１２０％。

１２０％のものを買うと、もう他の選択肢はなくなります。

目移りしていたら、それは50％なんですよ。


１２０％と50％の違いが、分かっていただけたでしょうか。

50％のものばかり選んでいると、自分に自信が持てなくなります。

一方で、１２０％のものを選ぶ意識でいると、どんどん自分を高めていけます。

波動も高まり、運も良くなっていくのです。

心の底から満足できる人生を送る方法

常に１２０％の選択をすることは難しいとしても、意識しているかどうかで50％の

「何となく」の選択は減っていきます。

トイレットペーパーはダブルかシングルか、どのメーカーの歯磨き粉を買うか。

日常のどちらでもいい小さなことほど、妥協せず選んでみましょう。

何を選ぶ時も、１２０％好きなものを意識していくと、50％のものは自然と排除されていきます。

自分のまわりに、本当に好きなものだけが溢れている人生って、とても楽しいですよ。

人間関係も物も、たくさん持たなくていいんです。

その結果どうなると思いますか？

引き寄せたいものがなくなったり、叶えたいことがなくなったりしていくんです！

これは嘘みたいな本当の話。引き寄せをマスターした人たちは、最後にみんな「引き寄せたいものがなくなりました」と言っています。

私は引き寄せでたくさんの願いを叶えてきました。その途中には、焦りや葛藤《かっとう》、不安など…あらゆる感情を経験しています。だけど、最後に得たものは**「何かを得るこ**

との喜び」よりも、毎日を自分らしく穏やかに過ごせる幸せでした。

本当に人生が生きやすくなったんです！

自分にしっかり矢印が向くと、他人のことが（いい意味で）気にならなくなります。
それが、自分の人生に集中している状態。
他人にどう思われるかよりも、自分がどう思うかを考えてみよう。
他人にどうされたいかよりも、自分にどうしてあげたいかを考えてみよう。
苦しくなる日も、嫌になる日もあるかもしれません。
だけど、諦めなければ必ず現実は変化していきます。
人生は、運命や他人に委ねるのではなくて、自分の意思で決めていけるものです。

あなたも、これ以上欲しいものがない！と言えるような、満たされた毎日を引き寄せられますように♡

実践

5つのノートを書いてみよう

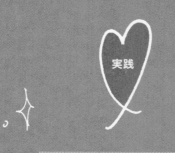

1

始めること、やめることノート

始めること

やめること

書くときのPOINT

このノートは「恋愛」にこだわり過ぎずに、素直に始めたいこと、やめたいことを書いていきましょう。必ず「始めること」から書き、次に「やめること」を書いていきます。どちらも、多くても5個程度に。書いた後は、「始めること」は一旦忘れて、「やめること」だけを意識して過ごせばOKです。まずは、自分自身に「隙間」を作ることで、素敵な恋を引き寄せることができるのです♪

2

思い込みの上書きノート

書くときのPOINT

まず、自分が恋愛で「こうでなければいけない」と思い込んでいることを書きます。そして一旦、「それって本当に？」と考えてみましょう。その後矢印を書いて、その思い込みを反転させてみます。例えば「貯金がないと結婚できない→それって本当に？→貯金がなくても結婚できる♪」こんな感じです。反転する内容は、本気でそう思えなくても大丈夫です。まずは書いてみる！　すると、自分の思い込みのブロックが外れていくのを感じられるはずです。恋愛以外でもあらゆる思い込みに使えます。人生がとても生きやすくなるノートです。

3

30days チャレンジノート

書くときの POINT

30日間で楽しみながら引き寄せ体質になれるノートです。日記感覚でその日のタスクをやってみた感想や実感を書いてみましょう。たまにできない日があってもOK！　ひと通りやってみた後も、しばらくしてまたやってみると、また新しい発見があったりしますよ。

day 1

「今日も絶好調！」と言ってみよう♪

あなたの言葉をいつも一番近くで聞いているのは、あなた自身。言葉で意識を前向きに引っぱろう♡

day 2

食事をよく噛んで食べよう！
心が安定するよ♡

噛むことはストレス解消にもなり、心を落ち着かせてくれます。

day 3

朝起きた瞬間に
「今日はどんな1日にするか」を決めよう！

これからどうなるのかな？　と思うことこそ「自分で決める」クセをつけよう♪

day 4

会いたい人に連絡してみよう♪

素敵な情報は、素敵な人から運ばれてきます。心から会いたい人と繋がろう。

day 5

お風呂に粗塩をひと握り入れて、
ゆっくり深呼吸♪

お風呂は最も心身がゆるむ時間。浄化作用のある塩を入れて、不要なエネルギーをデトックス！

day 6

今日あった「嬉しかったこと」を
寝る前に思い返してから寝よう♪

寝る前の時間は潜在意識と繋がりやすい時間。幸せなイメージを膨らませよう。

day 7	ゆっくりと深い呼吸を意識する日	深呼吸は、不安を鎮める効果があります♪ 浅い呼吸にならないように、普段から意識しよう。
day 8	スキンケアを丁寧に行う日！ ハンドプレスでゆっくり温めよう♪	お肌を温めることでスキンケアの浸透率がUP！ きれいになって気分を上げよう！
day 9	「どんどん良い方向に向かっているなー♪」と、 口に出して言ってみよう！	言霊（ことだま）の力はあなどれない！ 現実を良い方向へと導いてくれます。
day 10	気分の上がるものを買おう！ どんなに小さなものでもOK♡	大切な「私」にささやかなプレゼントをする日。
day 11	本当に食べたいものだけ食べよう！ 残せない…をやめる日♪	本音を選ぶ練習を。「なんとなく食べる」をやめる日。
day 12	スマホの待受画面を 心ときめくものに変えよう♡	「視覚から願いを取り入れる」引き寄せの効果は絶大！
day 13	寝る前に ゆっくりストレッチをしよう♪	リラックスしている時に願うことは、潜在意識にキャッチされやすい。体をゆるめて心もゆるめよう♪
day 14	「ありがとう」を伝える日♪ 意識して言葉で伝えよう♡	思いは言葉や行動で伝えよう！ 送り出したエネルギーは巡り巡って返ってきます♡

day 15	納豆かお味噌を食事に取り入れよう♪	発酵食品で腸を整え、幸せホルモンの分泌もUP！　午前中に摂れば代謝もUP！
day 16	口角を上げていこう♪	口角を上げると、脳が「自分は幸せだ」と思い込むそう♪
day 17	野菜を多めにとってみよう♪	腸内細菌のエサとなる食物繊維を摂取しよう！　食べ物からエネルギーを受け取ろう♡
day 18	玄関を掃除しよう♪	玄関は家の中で、気（エネルギー）の入り口。良い気が入るよう定期的にお掃除を。
day 19	自分に「いつも頑張ってくれてありがとう」と感謝を伝えよう♡	自分への感謝はついつい忘れがち。いつも一緒に頑張っている「私」にありがとうを伝えよう♪
day 20	気分の上がる音楽を聴こう♪	ポジティブな歌詞の曲を聴くと、気分が上がり波動もUP！
day 21	「やっぱり私はツイてるなー♪」と口に出して言ってみよう！	「やっぱり私はツイてるなー♪」といつでも口に出すことで、ラッキーがたくさん舞い込むように。
day 22	気乗りしないお誘いは断ろう♡	お誘いへの返答は、頭で考えずに心で判断！　ワクワクするか？　ザワつくか？

day 23	大好きなアイテムを身につけよう♡	好きな香り、好きな洋服、好きなコスメが「愛しい私」を創っていく。
day 24	今日は自分ファーストでいこう♪ 「誰かのため」をお休みする日♡	いつも自分を後回しにしてしまいがちな人へ。「私のため」は「誰かのため」にも繋がります。
day 25	願いを叶える覚悟を決めてみよう！	心の中で叶えることを言い切ってみよう！　最強のパートナーである自分にまずは宣言する日。
day 26	要らないものを捨てる日！	スペースのあるところに新しいものが入ってくる♪　隙間作りをする日。
day 27	行ってみたかった場所に行く約束をしよう♡	自分と約束をする日。やりたいのにできていないことに行動を起こそう！
day 28	お気に入りの飲み物を飲もう♡	ホッとする時間を大切に♡　自分へのご褒美が、時には大切。
day 29	身近な人をほめてみよう♡	ほめることは、コミュニケーションを円滑にします♪　ポジティブな言葉は口に出そう！
day 30	「私」の本音を聞いてあげる日♪ 本当はどうしたい？と会話しよう♡	どちらでもいいことほど、丁寧に選択を。私とたくさん会話する日♡

4

ワガママ♡恋愛（結婚）ノート

1. 理想のパートナーはどんな人？

2. 理想のパートナーと、どんな恋愛がしたい？

3. あなたの将来の夢は？

4. あなたがパートナーと2人で叶えたい夢は？

書くときのPOINT

このノートは彼がいたとしても、特定の人を思い浮かべずに書いてください。あなたの中にある本音を浮かび上がらせるためのノートだからです。世間の常識なども、一旦忘れて、自分の気持ちに素直に書いてみましょう。特に3と4は、恋愛か？自分の夢か？と迷わなくてOK。遠慮せずに、どちらも叶える気持ちで書いていきましょう。

5

理想の１日と１週間ノート

朝

昼

晩

日

月

火

水

木

金

土

書くときのPOINT

ただ書くだけではなく、タイムラインで書くことで、イメージが具体的になり、叶うスピードがアップします！　理想の１日は時間も書き入れていきましょう。今自分がこんな状況だから、コレくらいが理想かな…と思うのではなく、今はひとまず横において、こうなりたい！という人生を描きます。図々しく、悩み過ぎずに書いてください！

おわりに

最後まで読んでくださり、ありがとうございました。

今回、引き寄せとは真逆にも思える「やめること」をテーマに書籍を書かせていただいたのは、やめることが何よりも早く「望みを引き寄せる」秘訣だと気づいたからです。

私自身も、これまでたくさんの「やめる」経験を経て、望みを実現してきました。

私は現在の主人と出会い、結婚したことで、自分の人生における「幸せの限度」を更新しました。付き合って4日後に同棲を始め、その1週間後に結婚を決めるというスピーディーな展開にもかかわらず、そこには不思議と不安がありませんでした。不安どころか、これまで知ることのなかった「新しい幸せ」にたくさん出会う毎日です。

私にとっての「新しい幸せ」とは、しなくてもいいことが増えたこと。

・仕事で疲れてヘトヘトの日は、無理に家事をしなくてもいい。
・行きたい場所や、やりたいことを伝えるのに躊躇しなくてもいい。
・なんとなく気分の上がらない日は、無理にポジティブでいなくてもいい。
・今何してるんだろう？と連絡を待ったり、かけひきをしなくてもいい。
・愛されようと頑張らなくてもいい。

私はこんなに頑張っているのに、仕事も恋愛も全然うまくいかない…と、人生のどん底を経験した時、1人で頑張って生きるのはもうやめようと決意しました。すると、大切な人と共に生きるというライフスタイルに、ステージアップできたのです。

今は寂しさを感じる恋愛や、未来が不安になる恋愛に「それでも絶対に彼がいい！」と、しがみつくことはありません。

引き寄せノートを書き、自分の正直な気持ちに向き合えたことで、無理やガマンができなくなったから。

私は以前、主人に「なんで私と結婚しようと思ったの?」と聞いたことがありました。すると、「結婚しない理由がなかったから」と、一言。

そんな主人も実は、いつもなんとなく「この人じゃないのかもしれない」と違和感のある恋愛を繰り返してきたそうです。自分の中にある違和感に気づき、無理に恋愛しようと頑張ることをやめた後、私と出会えたのだと話してくれました。

頑張ることに疲れた時こそ、自分を責めるのではなく、やめたいこと、手放したいものに目を向けてみてほしいなと思います。

自分の幸せに責任を持ち、「私」を素敵な未来へと導いてあげてくださいね♡

みなさんにも、望む未来を手に入れるための「素敵な変化」を楽しんでほしい!と思いを込めて、この本を書きました。

だって、私たちがイメージできるものはすべて、未来で実現することが可能な願いばかりだから。

恋愛にも、人生にも迷ってばかりいた私が引き寄せの法則に出会い、最後にたどり着いたのは「何が起きても、私は幸せにしかなれないんだな♡」というブレない自信と安心感です。

自分への信頼と未来に対する希望さえあれば、人生は無敵！

「やめること」は、あなたをこれまで見たことのない素敵な世界へと導いてくれます。

この本が、あなたの人生のターニングポイントになれますように。

西原　愛香

Staff

ブックデザイン
林あい（FOR）

カバー撮影・スタイリング
Yoko @atelierjuno

人物撮影
小林祐美

イラスト
タカヤママキコ

DTP
東京カラーフォト・プロセス株式会社

編集協力
有留もと子

編集
間有希

西原 愛香 （にしはら・あいか）

月間150万PV以上の人気ブログ『書いて叶える恋愛引き寄せノート』主宰。劣等感を持ち、彼に振り回される恋愛ばかりだったが、引き寄せに出会い、自分自身を見つめなおしたところ、理想の彼との結婚、妊娠を叶える。ブログ、セミナーでは「ノートに書くこと」で自分を認め、理想の恋愛を引き寄せる方法を広める。自身も書いた願いはほぼ叶えてきた。現実的な視点で引き寄せのポイントや盲点を分かりやすく伝え、“引き寄せ迷子”な女性たちから絶大な支持を得る。著書に『恋愛引き寄せノート～「でも」「だって」が口グセだった私が変われた！』(KADOKAWA)。

Blog https://ameblo.jp/aika-nishihara/
Twitter @aika_nishihara
Instagram @aika.1203

やめるだけで最高《さいこう》の恋《こい》を引《ひ》き寄《よ》せる
人生《じんせい》が瞬《またた》く間《ま》に変《か》わる５つのノート

2018年8月10日　初版発行
2018年9月 1 日　再版発行

著者　西原《にしはら》 愛香《あいか》
発行者　川金 正法
発行　株式会社 KADOKAWA
〒102-8177
東京都千代田区富士見2-13-3
電話 0570-002-301（ナビダイヤル）
印刷所　凸版印刷株式会社

本書の無断複製（コピー、スキャン、デジタル化等）並びに
無断複製物の譲渡および配信は、著作権法上での例外を除き禁じられています。
また、本書を代行業者などの第三者に依頼して複製する行為は、
たとえ個人や家庭内での利用であっても一切認められておりません。

KADOKAWA カスタマーサポート
[電話] 0570-002-301（土日祝日を除く11時～17時）
[WEB] https://www.kadokawa.co.jp/（「お問い合わせ」へお進みください）
※製造不良品につきましては上記窓口にて承ります。
※記述・収録内容を超えるご質問にはお答えできない場合があります。
※サポートは日本国内に限らせていただきます。

定価はカバーに表示してあります。
©Aika Nishihara 2018
Printed in Japan
ISBN978-4-04-896287-2　C0076